Wunibald Müller, Anselm Grün, Henri J. M. Nouwen u. a.

Sammle deine Kraft

W0052825

Wunibald Müller, Anselm Grün,
Henri J. M. Nouwen u. a.

Sammle deine Kraft

Spirituelle und therapeutische Erfahrungen

Vier-Türme-Verlag

Die Deutsche Bibliothek – CIP-Einheitsaufnahme
Ein Titeldatensatz für diese Publikation ist bei
Der Deutschen Bibliothek erhältlich

1. Auflage 2001
© Vier-Türme GmbH, Verlag Münsterschwarzach 2001
Umschlaggestaltung: Elisabeth Petersen, München
Umschlagbild: The Studio Dog (PhotoDisc, Hamburg)
Gesamtherstellung: Benedict Press, Münsterschwarzach
ISBN 3-87868-232-8

Inhalt

Teil II
Spiritualität und Therapie

Reflexionen · Erfahrungen · Werkstattberichte

Anmerkungen

Anhang

»Ich erfahre Heilung meiner Wunden,
wenn ich auf die Stimme Gottes in meinem Herzen höre,
die mir sagt: Du bist mein geliebter Sohn,
du bist meine geliebte Tochter.«
(Henri J. M. Nouwen)

Geleitwort

Seit zehn Jahren besteht das Recollectio-Haus in Münsterschwarzach – zehn Jahre der intensiven und segensreichen Begleitung von Priestern und Ordensleuten, die spirituell und psychisch Kraft sammeln wollen. Herzlich gratuliere ich den Mitarbeiterinnen und Mitarbeitern des Recollectio-Hauses, besonders dem Initiator und Leiter Dr. Wunibald Müller, den Benediktinern der Abtei Münsterschwarzach und allen Freunden des Hauses zu diesem Jubiläum! Mit den Glück- und Segenswünschen ist zugleich ein sehr herzliches Vergelt's Gott verbunden: Persönlich wie als Bischof von Mainz und auch als Vorsitzender der Deutschen Bischofskonferenz spreche ich Ihnen meinen besonderen Dank aus für die wertvolle und lebenspendende Arbeit, die an diesem Ort geschieht, und für den Segen, der von dort ausgeht und weit in viele deutschsprachige Diözesen hineinreicht.

Sich Krisen und Konflikten, Unzulänglichkeiten und Müdigkeit zu stellen und zu widmen, ist in einer Gesellschaft, in der Perfektion und Effizienz oft genug als Maß aller Dinge erscheinen, nicht selbstverständlich. In der kirchlichen Arbeit, in der meist die Sorge um das Wohl und Heil anderer im Mittelpunkt steht, ist der Blick auf die eigenen Bedürfnisse, Schwächen und Leiden auch nicht unbedingt leichter. Und doch haben wir als Christen, als Mitarbeiterinnen und Mitarbeiter im ›Weinberg des Herrn‹ die große Chance, es mit einem Gott zu tun zu haben, der die Menschen gerade mit ihren Brüchen und Schwierigkeiten, mit ihren Gebrechen und ihrer Sehnsucht annimmt und in seinen Dienst stellt. Die Bibel ist voll von Geschichten, die davon erzählen, wie Gott mit Vorliebe die Geschwächten und Mutlosen beruft und stärkt – wie etwa den Propheten Elija, der sich unter einem Ginsterstrauch den Tod wünscht und von einem Engel mit Brot und Wasser versorgt und weitergeschickt wird zum Berg Horeb (1 Könige 19).

Es ist daher nicht von ungefähr und eine gute Entscheidung, daß das Recollectio-Haus in seinem Bemühen um das ›Sammeln von Kräften‹ für Priester und Ordensleute von Anfang an einen starken Akzent auf die Spiritualität setzte und daß die ›spirituelle Entwicklung‹ und das ›Wachsen im Geiste‹ eine bedeutende Rolle spielen, wie es Henri Nouwen in einem Brief an Wunibald Müller vor zehn Jahren empfahl. Unser Glaube und die Heilige Schrift bieten riesige Ressourcen für unsere Heilung und Erneuerung, die wir nutzen dürfen.

Wer, wie es die Bibel ebenfalls tut, den Menschen als ganzen, als Einheit von Leib und Seele, und als Mensch in Beziehungen begreift, wird diese spirituelle Erneuerung aber auch mit psychischen, leiblichen und sozialen Elementen verbinden: Neben der spirituellen Einzelbegleitung, den Gottesdiensten und der Meditation gehören im Recollectio-Haus auch die psychotherapeutische Einzelbegleitung, die Gestaltungsarbeit und Körpererfahrung und nicht zuletzt auch die Arbeit, das Gespräch und die Unternehmungen in der Gruppe zu den festen Bestandteilen des dreimonatigen Aufenthaltes. Es ist gewiß diese ganzheitliche Konzeption, die der Arbeit des Hauses zu ihrem großen Ansehen und Erfolg verholfen hat.

Über 500 Priester und Ordensleute haben bisher von der ›spirituellen und psychischen Nahrung‹ profitiert, die ihnen im Recollectio-Haus geboten wurde. Ich danke allen Teilnehmerinnen und Teilnehmern, die sich auf diesen mutigen und oft nicht wenig anstrengenden Weg der Erneuerung begeben haben. Den medizinischen, psychotherapeutischen und spirituellen Begleiterinnen und Begleitern danke ich von Herzen für ihr Engagement, ihre Geduld, Offenheit und Bereitschaft zum Zuhören und Helfen; den Benediktinern der Abtei sei gedankt für den wichtigen spirituellen Rahmen, den sie den Gästen ermöglichen. Daß sich im Zusammenwirken der Abtei Münsterschwarzach und fünf bzw. sieben deutscher Bistümer ein bis heute tragfähiges Fundament für die Arbeit des Recollectio-Hauses hat finden lassen, darüber bin ich nach wie vor sehr froh. Nach dem ersten Jahrzehnt des Bestehens sei auch denen, die das Projekt in Gang brachten und gerade in den Anfängen unterstützten und begleiteten, ein besonderes Vergelt's Gott gesagt und voll Dank gedacht: Dr. Wunibald Müller, Pater Dr. Anselm Grün OSB, Abt Fidelis Ruppert OSB, Dr. Joseph Sauer und auch Henri Nouwen.

Auch seinen Segen spendet Gott – folgt man der Heiligen Schrift – mit besonderer Vorliebe denen, die nicht bereits groß und stark, sondern noch im Werden und Wachsen und auf dem Weg sind. So wünsche ich allen, die im Recollectio-Haus in Münsterschwarzach ein- und ausgehen und sich spirituell auf den Weg machen, den reichen Segen des lebendigen und befreienden Gottes!

In dankbarer Mitfreude
Ihr

+ Karl Lehmann

Karl Kardinal Lehmann

Teil I

10 Jahre Recollectio-Haus
Bilanz und Erinnerung

Abt Fidelis Ruppert

Das Recollectio-Haus und die Abtei Münsterschwarzach

Das Recollectio-Haus ist zehn Jahre alt.

Es wurde nicht gegründet. Es entstand. Es ergab sich einfach. Es ergab sich aus Erfahrungen und aus Einrichtungen, die schon vorhanden waren.

Dr. Wunibald Müller hatte in einer Beratungsstelle der Erzdiözese Freiburg langjährige Erfahrung in der Begleitung von Priestern und Ordensleuten. Als er spürte, daß eine ambulante Begleitung oft nicht genügt, sondern in vielen Fällen ein Haus und eine Gemeinschaft als Schonraum für seelische Erneuerung notwendig wäre, konnte er auf bereits bestehende Kontakte zurückgreifen. Als ehemaliger Schüler unseres Gymnasiums hatte er nicht nur die Verbindung zu uns immer aufrecht erhalten, sondern er hatte auch eine gute Beziehung zu unserem Pater Anselm Grün, der in seiner Kurs- und Exerzitientätigkeit ebenfalls viel mit Priestern und Ordensleuten zu tun hatte. Sie waren sich bald einig, daß die Einrichtung eines solchen Hauses notwendig sei.

Als die Frage auftauchte, ob diese Einrichtung an die Abtei Münsterschwarzach angegliedert werden sollte, zögerte ich zunächst, weil mir die Größe dieser Herausforderung bewußt war. Die Zustimmung fiel mir und unserer Gemeinschaft leichter, als die Diözesen Freiburg, Rottenburg und Würzburg – und bald darauf auch Limburg und Mainz – signalisierten, daß sie an einer Zusammenarbeit interessiert seien. Mit diesen Diözesen waren wir auf dem Gebiet der Begleitung von Priestern und hauptamtlichen Mitarbeitern schon lange verbunden, so daß die Gründung des Recollectio-Hauses in gewissem Sinne einfach eine Weiterführung der bisherigen Zusammenarbeit war.

Ein Problem war zunächst, daß die Diözesen keine gemeinsame Trägerschaft mit uns eingehen wollten, um nicht einen Präzedenzfall für andere Situationen zu schaffen. Es stellte sich aber bald heraus, daß dies auch eine große Chance war. Die Trägerschaft sollte ausschließlich bei der Abtei Münsterschwarzach liegen, aber die genannten Diözesen – und später auch noch Augsburg und München – verpflichteten sich zu festen finanziellen Beiträgen, vor allem für den Bereich der Personalkosten. Das setzte die Abtei Münsterschwarzach in die Lage, die notwendigen Entscheidungen ohne lange Verwaltungswege schnell treffen und zügig umsetzen zu können. Genau ein Jahr nach meinem ersten Brief an die genannten Bischöfe konnte der erste Kurs im Recollectio-Haus beginnen. Es war der glückliche Umstand hinzugekommen, daß bei uns ein erst vor wenigen Jahren fertiggestelltes Oberstufen-Internat frei geworden war. Da es Einzelzimmer und die nötigen Gruppenräume besaß, konnte es sehr schnell für die neuen Bedürfnisse umgestaltet werden. Auch das ergab sich einfach so.

Die Konzeption des Recollectio-Hauses konnte bald erstellt werden, da sie aus einer Arbeit erwuchs, die sowohl Dr. Wunibald Müller, wie auch mehreren Mitbrüdern unserer Gemeinschaft vertraut war. Es war die Fortführung von Erfahrungen, die sich seit Jahren entwickelt hatten. Hätte irgend jemand oder irgendeine Institution die Notwendigkeit eines solchen Hauses gespürt und dann jemanden gesucht, der ein Konzept dazu entwickeln und um setzen könnte, wäre das alles viel komplizierter und langwieriger gewesen. So aber ›ergab es sich‹. Das hatte zur Folge, daß schon der erste Kurs voll belegt war und ein guter Erfolg wurde.

* * *

Die Entstehung des Recollectio-Hauses erscheint mir als gelungenes Modell einer Zusammenarbeit zwischen einer Ordensgemeinschaft und Diözesen. Häufig wird heute eine Kooperation gewünscht, wenn eine bestehende Einrichtung für eine Ordensgemeinschaft zur Last geworden ist und finanzielle und personelle Unterstützung notwendig wird. Wenn dadurch eine wichtige Einrichtung für die Zukunft gerettet werden kann, ist das erfreulich. Oft ist dies aber nur unter erheblichem finanziellen Aufwand möglich. Hier in unserem Fall entstand etwas völlig Neues und ohne zuviel Aufwand: Das gleiche Anliegen auf beiden Seiten hat eine Zusammenarbeit nahegelegt. Die schnelle und unkomplizierte Umsetzung des Anliegens zeigte, daß beide Seiten wirklich überzeugt waren, wie sehr das Projekt für Priester und Ordensleute notwendig war und daß es sehr sinnvoll ist, in Menschen und damit in Zukunft zu investieren, und dazu noch in Menschen, die wieder als Multiplikatorinnen und Multiplikatoren tätig sein würden, sobald ihre innere Kraft erneuert war. Und dabei ist der finanzielle Aufwand relativ gering: jede der sieben Diözesen zahlt jährlich etwa den dritten Teil einer Personalstelle.

Ich kann mir denken, daß es noch viele andere Bereiche gibt, wo eine kreative Zusammenarbeit von Orden und Diözesen möglich ist: eine pastorale Notwendigkeit, eine kreative Idee, das Verbinden der jeweiligen Kompetenzen und Mittel – und das alles in einer möglichst unkomplizierten und unbürokratischen Form, die wenig finanziellen und personellen Aufwand fordert. Die Lebendigkeit der Orden und der Kirche überhaupt sollte nicht im übertriebenen Festhalten an traditionellen Einrichtungen und Positionen aufs Spiel gesetzt werden, sondern sie sollte sich in der Fähigkeit zeigen, kreative, zukunftsweisende

Akzente zu setzen und neue Wege auszuprobieren, vor allem
dort, wo direkt in Menschen ›investiert‹ wird.

* * *

Eine wichtige Frage vor der endgültigen Entscheidung war, was
denn das Recollectio-Haus für die Abtei bedeute, bzw. ob durch
dieses Haus nicht besondere Probleme für unsere Gemeinschaft
entstehen könnten. Hinter dieser Frage stand die Vorstellung,
daß in Zukunft ständig etwa 18 Menschen auf unserem Gelände mitleben würden, die eine neue Orientierung für ihr inneres
und äußeres Leben suchen und mancher von ihnen vielleicht
in einer besonders schwierigen Krisensituation ist. Könnte das
nicht viel Unruhe und Spannungen bringen? Es zeigte sich sehr
schnell, daß das überhaupt kein Problem war. Wo es konkrete
Berührungen mit der Gemeinschaft gab, etwa bei Arbeitsein-
sätzen in Gärtnerei oder Werkstätten, beim Kontakt mit der
Küche oder der Verwaltung, bei Teilnahme an der Liturgie in
der Abteikirche, überall ging es problemlos zu und in brüder-
lich-schwesterlicher Atmosphäre.

Da viele Mitbrüder aus unserer Gemeinschaft über längere
Zeiten eine geistliche oder psychologische Begleitung kennen
und schätzen, haben sie einen guten inneren Zugang zur Arbeit des Recollectio-Hauses und zu den Lebens- und Glaubens-
krisen, die unsere Gäste dort während ihres dreimonatigen
Aufenthaltes ›bearbeiten‹. Deshalb gibt es viele fruchtbare Kontakte der Gäste des Recollectio-Hauses mit unseren Mitbrüdern
und teilweise bleiben diese Kontakte auch noch nach Abschluß
des Kurses bestehen. Ich habe den Eindruck, daß die Präsenz
des Recollectio-Hauses auf unserem Gelände auch für unsere
Gemeinschaft gut ist. Das Suchen und Ringen dieser Menschen
bewirkt auch bei uns eine neue Aufmerksamkeit, eine Erinne-

rung, daß wir die gleichen Probleme haben, selbst Hilfe brauchen und annehmen müssen, damit wir mit unserer eigenen Sehnsucht auf einem ehrlichen Weg bleiben und unserer Berufung gerecht werden können.

* * *

Noch eine konkrete Beobachtung sei hier angeführt: Zu Beginn war immer wieder die Befürchtung zu hören, daß vielleicht vor allem Ordensleute, besonders Ordensfrauen ins Recollectio-Haus kämen, aber wenige Diözesanpriester, weil diese oft nicht so problembewußt seien und aus Imagegründen vielleicht nicht so leicht den Schritt in solch ein Haus wagen. Bei den ersten Kursen waren es tatsächlich oft mehr Frauen als Männer, aber das hat sich bald geändert und jetzt haben wir oft Kurse, in denen die Männer in der Mehrzahl sind. Das zeigt, daß die anfänglich geäußerte Befürchtung ein Vor-Urteil war, das sich nicht bestätigt hat und daß auch viele Priester eine Erneuerung ihres Lebens suchen. Vielleicht ist das auch ein hoffnungsvolles Zeichen dafür, daß die viel kritisierte ›Männerkirche‹ durchaus problembewußter wird und bewußt Wege der Erneuerung sucht.

Allerdings gilt auch eine andere Beobachtung: In vergleichbaren Einrichtungen in England und Amerika finden sich immer auch Bischöfe und Höhere Ordensobere als Kursteilnehmer ein. Bei uns war gelegentlich eine Provinz- oder Generaloberin dabei, deren Amtszeit zu Ende war und die jetzt eine innere Erneuerung suchte, aber noch nie ein Höherer Oberer oder gar ein Bischof. Einer meiner Mitbrüder, der einen ähnlichen Erneuerungskurs in Amerika mitgemacht hat, erzählte mir, daß in seiner Gruppe ein amerikanischer Bischof war, der sich mit diesem Kurs eine Sabbatzeit gegönnt hatte. Am Ende war er von den Erfahrungen dieses Kurses so begeistert, daß er nach seiner Rückkehr seinen Priestern davon berichtete und sagte, jeder Priester, der wolle, dürfe solch einen Kurs mitmachen, weil das ein großer Gewinn für ihn selbst und für die pastorale Arbeit sei. Vielleicht sind Amerikaner auf diesem Gebiet etwas unkomplizierter als wir – ich selbst habe auch noch nicht an solch einem langen Erneuerungskurs teilgenommen – aber nachdenklich sollte es uns machen und einen Weg andeuten.

* * *

Schließlich eine letzte Bemerkung: Vor einiger Zeit hatte ich ein längeres Gespräch mit einer Gruppe im Recollectio-Haus. Im Laufe des Gespräches sagte ich an einem bestimmten Punkt zu meiner eigenen Überraschung: »Ich glaube, daß Sie hier im Recollectio-Haus so etwas wie ein Modell für Kirche sind.« Die Gäste waren ebenfalls überrascht und ich mußte es erklären: Alle diese Priester und Ordensleute sind Menschen, die auf dem Pilgerweg ihres Glaubens und ihrer Berufung müde geworden oder in Krisen geraten sind. Statt zu resignieren oder davonzulaufen, nehmen sie sich eine Zeit der Einkehr, um ihren Weg zu bedenken und die Quellen in der Wüste neu zu entdecken. Und diese Suche geschieht zusammen mit Brüdern und Schwestern auf dem gleichen Weg. Viele andere Menschen haben ähnliche Probleme, aber sie merken es nicht oder wollen es nicht wahrhaben. Diese Leute tun es und sie sind damit ein Zeichen für andere.

Was ist das anderes als ein Aspekt von ›Kirche unterwegs‹? Ein Bild von Kirche und von Christen, die immer wieder müde werden auf dem Weg durch die Wüsten des Lebens, die aber zugleich wachsam sind, die ihre eigene Situation und Not erkennen und dann lern- und umkehrbereit nach Erneuerung,

Heilung und Heiligung suchen. Und das alles in einem geschwisterlichen Miteinander.

So erlebe ich hier im Recollectio-Haus ein Stück von der pilgernden Kirche, die zugleich auch eine heilende Kirche ist, und ich habe die Hoffnung, daß dieser heilende Aspekt immer mehr in das Bewußtsein der Kirche eindringt und die heilende Kompetenz der Kirche sich immer mehr entfaltet. Die Gäste im Recollectio-Haus sind für mich ein Zeichen der Hoffnung, weil sie nicht aufgeben, sondern suchen und deshalb auch finden, denn unser Gott ist ein Gott, der sich finden läßt.

Ich bin dankbar, daß wir zusammen mit sieben Diözesen dieses Zeichen der Hoffnung in unserer Kirche ermöglichen können.

Wunibald Müller

»Wenn du verweilst, dann nur, um dich zu stärken«

10 Jahre Recollectio-Haus

Erinnerungen · Beobachtungen · Entwicklungen

Bedenke:
Ein Stück des Weges liegt hinter dir,
ein anderes Stück hast du noch vor dir.
Wenn du verweilst,
dann nur, um dich zu stärken,
nicht aber, um aufzugeben.
Aurelius Augustinus

Hier ist es gut sein

E's herrscht eine gute Stimmung. Im Winkelhof, einem ehemaligen Bauernhof, der inzwischen der Abtei Münsterschwarzach gehört, sitzen über 20 Männer und Frauen zusammen und singen. Es sind Lieder, die sie aus ihrer Jugendzeit kennen: Wanderlieder, Abendlieder, lustige Lieder, manchmal auch Schlager. Hier sitzen die Gäste des Recollectio-Hauses und ihre Begleiter und Begleiterinnen zusammen. Wie bei jedem Kurs üblich, ging dem gemütlichen Beisammensein auch diesmal eine über zweistündige Wanderung im Wald, eine Eucharistiefeier und ein zünftiges Abendessen mit Sauerkraut und fränkischen Würsten voraus. Schon über drei Wochen sind die 18 Männer und Frauen zu Gast im Recollectio-Haus in Münsterschwarzach. Heute wurde das übliche Programm durchbrochen, um miteinander, die Gäste und das Team, den gemeinsamen Ausflug zu unternehmen.

Würde jemand von außen diese Menschen hier versammelt sehen und ihnen beim Singen zuhören, könnte er den Eindruck gewinnen, daß es den Männern und Frauen, die sich hier zu einer fröhlichen Runde eingefunden haben, gutgeht. Und im Augenblick scheint es ihnen auch gutzugehen. Zumindest für diese Stunden haben sie die Probleme, die sie ins Recollectio-Haus geführt haben, vergessen. Sie können sie für einige Stunden ›auf die Seite legen‹, um einfach hier zu sein, miteinander zu reden, zu singen, Gemeinschaft zu erfahren. Das Wandern, die Erfahrung der gemeinsam gefeierten Eucharistiefeier, das Ausruhen nach der Anstrengung, das gemeinsam eingenommene Mahl und das Singen stiften eine schöne Atmosphäre, ja vermitteln fast ein Gefühl von Zuhause. Die alte Bauernstube tut das ihre dazu. Sie ist in diesem Moment, was die Bauernstube und die Küche einst in unseren Familien oft war, Mittelpunkt, an dem man sich die meiste Zeit über aufhält, und an dem sich der Alltag abspielt.

Fast dreißig Mal sind wir inzwischen mit den Gästen des Recollectio-Hauses auf dem Winkelhof gewesen. Der äußere Ablauf bleibt der gleiche, die Erfahrungen, die Begegnungen, die Gefühle, die dabei wachgerufen werden oder bestimmend sind, sind immer wieder anders.

So begann es

Wenn ich manchmal in dieser Runde innehalte, die einzelnen anschaue und kurz über die Gründe ihres Aufenthaltes nachdenke, spüre ich bei mir Freude und Dankbarkeit, daß es das Recollectio-Haus gibt. Ich erinnere mich noch sehr gut daran, wie ich vor fast zwanzig Jahren das erste Mal eine ähnliche Einrichtung in Kalifornien besuchte. Sie hieß *House of Affirmation*. Ich war beeindruckt von diesem Haus und schrieb damals in mein Tagebuch, daß es in Deutschland sicher auch einen Bedarf für ein solches Haus gäbe. Später, als ich für die Praxisberatung der Erzdiözese Freiburg zuständig war, erinnerte ich mich an diesen Besuch, da ich sehr schnell merkte, daß unter den Priestern und Seelsorgern tatsächlich ein großer Bedarf für ein solches Haus bestand. Mein damaliger Chef, Domkapitular Dr. Joseph Sauer, war aufgeschlossen für ein solches Unternehmen, doch die konkrete Umsetzung erwies sich als schwierig. Ich ließ nicht locker, entwarf Konzepte und schrieb an Personen, von denen ich glaubte, daß sie an einem solchen Projekt Interesse haben könnten, um ihre Meinung und Unterstützung zu erbitten. Einer davon war der bekannte amerikanische geistliche Autor Henri Nouwen. Er schrieb mir auf meinen Brief folgende Zeilen:

Ich habe Deinen Entwurf für ein spirituell-therapeutisches Zentrum für Priester und Ordensleute mit großem Interesse gelesen. Mir gefällt die Idee, von der Du schreibst, sehr gut und ich kann mir sehr wohl vorstellen, daß in Deutschland ein echter Bedarf für ein solches Zentrum besteht. Mein Hauptanliegen wäre, daß dem Wort ›spirituell‹ eine größere Bedeutung zukommt als dem Wort ›therapeutisch‹. Ich habe das Zentrum Southdown, das nahe bei Toronto liegt, kennengelernt. Es ist ein schöner Ort mit sagenhaften Möglichkeiten, aber wenn ich persönlich entscheiden müsste, wohin ich in einer Zeit der Krise gehe, wäre mir der psycho-therapeutische Ansatz zu dominant. Ich wäre mir nicht sicher, ob ich dort in einem Geist begleitet würde, der mir hilft zu entdecken, wie Gott mein Leben in der Mitte der Krise führt. Ich bin gegenüber einer therapeutischen Unterstützung für Priester und Ordensleute wirklich sehr positiv eingestellt, aber ich habe immer mehr das Gefühl, daß die entscheidendste Krise unseres Lebens spiritueller Natur ist, und daß wir Orte benötigen, an denen Menschen im Geiste stärker wachsen können und in der Lage sind, ihre emotionalen Nöte in ihre spirituelle Auseinandersetzung zu integrieren. Ich will Dich auf alle Fälle auf jede nur mögliche Weise bei diesem Projekt unterstützen ...

Mit Datum vom 13. Februar 1989 schrieb ich auch an Pater Anselm Grün:

Heute möchte ich Dich mit einem Projekt vertraut machen, das ich schon lange verfolge und bei dem ich augenblicklich dabei bin, es ein bißchen mehr zu forcieren. Es handelt sich dabei um ein sogenanntes ›spirituell-therapeutisches Zentrum‹, das vor allem für Priester und Ordensleute gedacht ist, die emotional und seelisch erschöpft sind. Dabei gehe ich davon aus, daß diese Erschöpfung jetzt nicht so tiefe Ursachen hat, daß dafür eine medizinische bzw. psychiatrische Einrichtung notwendig wäre. Ich bitte Dich, dieses Konzept einmal durchzulesen und mir einfach aus Deiner Sicht eine Rückmeldung zu geben, was Du davon hältst, inwieweit Du Möglichkeiten siehst, so etwas auch hier im deutschsprachigen Raum zu etablieren, und inwieweit Du überhaupt die Möglichkeit für eine solche Einrichtung einschätzt.

Ich finde bei meinem unmittelbaren Vorgesetzten, Herrn Dr. Sauer, viel Sympathie für ein solches Projekt. Inwieweit das Interesse auch bei anderen entscheidenden Leuten in der Diözese dafür da ist, will ich in der nächsten Zeit noch stärker explorieren. Ich bin mir auch nicht sicher, ob ein solches Projekt auf diözesaner Ebene angesiedelt werden sollte. Ich könnte mir auch vorstellen, daß es mehr im Kontext z. B. eines Klosters angesiedelt wird, auf der anderen Seite aber von verschiedensten Einrichtungen mitgetragen wird. In meinen Phantasien bin ich natürlich schon so hemmungslos, daß ich zum Teil an ganz bestimmte Orte denke, etwa Sassbach bei Achern. Dort gibt es jetzt das Geistliche Zentrum, in dessen Nähe eine entsprechende Villa wäre. Oder aber Münsterschwarzach.

Doch zurück zur Wirklichkeit. Schau es Dir einmal kritisch an und laß mich wissen, wie Du die Sache beurteilst.

Aus einer Idee wird ein konkretes Haus

Mein Vorschlag stieß bei Pater Anselm auf großes Interesse. Immer wieder tauschten wir uns miteinander aus, Abt Fidelis wurde über das Projekt informiert und zunehmend kristallisierte sich heraus, daß Münsterschwarzach der geeignete Ort für dieses Haus ist. Nun ging es darum herauszufinden, inwieweit die geistliche Gemeinschaft der Benediktiner in Münsterschwarzach für ein solches Projekt offen und darüber hinaus bereit wäre, sich auch personell daran zu beteiligen.

Im März 1990 konnte Abt Fidelis Ruppert Oskar Saier, dem Erzbischof von Freiburg, schreiben, daß die Abtei Münsterschwarzach unter bestimmten Umständen bereit wäre eine Art ›Sabbathaus‹ einzurichten. In seinem Schreiben heißt es unter anderem:

Das Hauptproblem für eine Entscheidung ist aber die Frage der Trägerschaft eines solchen Hauses. Unsere Abtei fühlt sich weder kompetent noch befugt, ein solches Projekt anzustreben. Wir sind bereit, neben dem Haus eine gewisse Mitarbeit anzubieten, vorausgesetzt, daß einige Diözesen an einem derartigen Projekt interessiert wären und in einer Art Trägerverein eine solche Institution mittragen würden. Wir denken vorläufig an die Diözesen Würzburg, Freiburg und Rottenburg, mit denen wir besonders auch in der Weiterbildung von Priestern und hauptamtlichen Mitarbeitern viel zusammenarbeiten. Durch diese Arbeit ist uns auch bewußt geworden, wie notwendig oft eine geistliche Begleitung gerade für Krisensituationen ist, und wie wenig oft der geeignete Rahmen dazu vorhanden ist.

Noch ehe das Jahr zu Ende ging, konnte ein Vertrag zwischen der Abtei Münsterschwarzach und den Diözesen Freiburg, Limburg, Mainz, Rottenburg-Stuttgart und Würzburg abgeschlossen werden. Später kamen noch die Diözesen Augsburg und München dazu. Aus der Idee eines geistlich-therapeutischen Zentrums wurde ein konkretes Haus mit konkreten Menschen. Abt Fidelis schlug vor, dem Haus den Namen ›Recollectio‹ zu geben, ein Begriff, der auch in der benediktinischen Tradition verankert ist und treffend wiedergibt, um was es in unserem Haus ›gehen‹ sollte: sich-sammeln, konzentrieren, ein Zusammenführen dessen hin zur Mitte, was sich von der Mitte entfernt hat oder losgelöst von ihr ein Eigenleben zu leben versucht.

Henri Nouwen und das Recollectio-Haus

Am 24. April 1991 war es dann soweit – das Recollectio-Haus konnte eröffnet werden. Henri Nouwen kam zur Einweihungsfeier. Da er von Freiburg kommend zunächst in einen falschen Zug gestiegen war, kam er zu spät an. Er hatte mich vorher telefonisch informiert. Am Bahnhof angekommen, stürzte er sich gleich in die Bahnhofshalle, obwohl ich mit ihm so verblieben war, daß ich ihn am Bahnsteig abholen würde. Also mußte ich ihn erst am Bahnhof suchen. Als wir dann in Münsterschwarzach im Recollectio-Haus ankamen, warteten alle bereits geduldig auf unser Kommen.

In der Kapelle des Recollectio-Hauses hielt er eine Predigt, die für unsere Arbeit im Recollectio-Haus zu einem Programm geworden ist.[1] Ausgehend von den Wandlungsworten in der Eucharistiefeier, *er nahm, er segnete, er brach* und *er gab* das Brot, entfaltete er eine Seelsorge für Seelsorger, die besagt, daß wir von Gott bedingungslos angenommen sind; daß wir gebrochen sind und es wichtig ist, daß wir zu unserer Gebrochenheit stehen; daß wir gesegnet sind, Gott uns gut heißt und schließlich, daß wir uns immer wieder für die Menschen hingeben sollen.

Henri Nouwen hat immer wieder deutlich gemacht, daß die Quelle seiner Kreativität, die Quelle seiner Gottsuche, sein eigenes Verwundetsein ist. In seinem Buch *Der Stimme der Liebe trauen* läßt er seine Leser und Leserinnen an seinem Ringen mit dunklen Phasen in seinem Leben teilhaben. Als ich ihn 1991 in ›Daybreak‹ bei Toronto – einer Einrichtung der *Arche* für behinderte Menschen – besuchte, erzählte er mir, wie sehr ihm in einer solchen Zeit der Dunkelheit, in der ihn schwere Depressionen heimsuchten, der Aufenthalt an einem Ort half, an dem ihm über einige Monate hinweg zwei Menschen ›zur Verfügung standen‹. Sie waren da, wenn er sie brauchte, sprachen mit ihm, nahmen ihn in den Arm und erinnerten ihn dadurch immer wieder daran, daß Gott ihn vor aller menschlichen Liebe liebt. Er erzählte mir, daß es für ihn wichtig war, daß ihm das ganz konkret durch Menschen vermittelt wurde, Heilung aber erst dann geschieht, wenn ich in der Tiefe meines Herzens überzeugt bin und spüre, daß ich ganz umfangen bin von der ersten bedingungslosen, mir frei geschenkten Liebe Gottes.

Es ist nicht immer leicht, die Hilfe anderer in Anspruch zu nehmen

Menschen wie Henri Nouwen sind für unsere Arbeit im Recollectio-Haus wichtig, weil sie deutlich machen, daß man sich nicht schämen muß, eine Krise zu haben oder Depressionen zu erfahren. Es gibt Berufe – zum Beispiel im medizinischen Bereich oder in der Wirtschaft – bei denen der Karriereknick vorprogrammiert ist, wenn sich jemand eine Krise ›leistet‹. Befindet sich jemand in einer Krise, versucht er es mit nur allen möglichen Mitteln zu kaschieren, denn: *Das darf es einfach nicht geben.*

Im Recollectio-Haus machen wir die Erfahrung, daß sich auch im kirchlichen Bereich viele schwer tun, zu ihren Krisen zu stehen, eigenes Scheitern zuzugeben oder die Hilfe von anderen in Anspruch zu nehmen. Wenn ich auf mich selbst und manche Kollegen und Kolleginnen im psychotherapeutischen Bereich schaue, muß ich zugeben, daß das in vielerlei Hinsicht auch auf mich und sie zutrifft. Es muß einen schon gehörig erwischen und man muß schon sehr deutlich an seine eigenen Grenzen gelangen, um bereit zu sein, sich zuzugestehen, daß man am Ende ist, gescheitert ist, nicht alleine weiterkommt.

So sehr wir wußten, daß es nicht wenige Priester und Ordensleute gibt, die sich in einer Krise befinden und an ihre eigenen Grenzen gelangt sind, so sehr war uns auch klar, daß es für viele nicht leicht sein würde, zu ihrer Krise zu stehen und die Hilfe anderer in Anspruch zu nehmen. Doch wir durften sehr bald feststellen, daß die Not und das Bedürfnis nach Hilfe so stark waren, daß die Kurse des Recollectio-Hauses immer komplett belegt waren. Vielen half sicher, daß das Recollectio-Haus eine Einrichtung der Abtei Münsterschwarzach ist und, dort hinzugehen vieles heißen kann, es aber vor allem ein Ort ist, der nicht in einem *klinischen*, sondern in einem *spirituellen* Kontext angesiedelt ist.

Warum kommen Menschen ins Recollectio-Haus?

Das konnte nicht verhindern, daß da und dort mit der Zeit der Eindruck entstand, in das Recollectio-Haus kämen nur Menschen, die große seelische oder vorwiegend sexuelle Probleme haben oder die dabei sind, ihren Orden zu verlassen bzw. ihr

Amt als Priester aufzugeben. In das Recollectio-Haus kommen auch Männer und Frauen, die sich in einer großen Krise befinden, bei denen das Thema Sexualität einer der Gründe ist, warum sie hierher kommen oder die sich überlegen, ob sie weiter in ihrem Orden bleiben oder als Priester tätig sein können. Für sie ist das Recollectio-Haus auch da. Die überwiegende Mehrheit der Männer und Frauen, die ins Recollectio-Haus kommen, kommen aber zunächst einmal, weil sie etwas für sich tun wollen, zum Beispiel ›zu Grunde gehen‹ möchten, in dem Sinne, daß sie sich mit sich selbst auseinandersetzen, mit ihrer Tiefe in Berührung kommen, bisher nicht genutzte eigene Potentiale für sich persönlich und für ihren Dienst entdecken und fruchtbar machen möchten. Es sind Männer und Frauen, die, weil sie an Grenzen gekommen sind, ausloten wollen, wo sie ›weiter‹ werden; wo sie wachsen können; wo sie das, was ihnen Gott geschenkt hat noch mehr in sich, in der Begegnung mit anderen Menschen und in der Begegnung mit Gott zur Entfaltung bringen können. Sie spüren, daß ihnen dabei ein psychotherapeutisch-spiritueller Ansatz, der Leib, Seele und Geist gleichermaßen würdigt, von großer Hilfe sein kann, da darin und damit der ganze Mensch angesprochen wird.

Du hast mehr Möglichkeiten als du ahnst ...

Bei meiner kurzen Rede anläßlich der Eröffnung des Recollectio-Hauses sagte ich, daß wir den Menschen, die ins Recollectio-Haus kommen, mit folgender Einstellung begegnen möchten: »*Du hast mehr Möglichkeiten als du ahnst, ganz zu schweigen von den ungeahnten Möglichkeiten Gottes mit dir.*« Der erste Teil dieses Satzes beinhaltet im Grunde genommen die Philosophie des wachstumsorientierten Ansatzes der humanistischen Psychologie. Sie geht davon aus, daß wir von den zehn Fingern, die wir eigentlich nutzen könnten, in der Regel nur den kleinen Finger benutzen. Das Ziel der Therapie ist es, ungenutzte Ressourcen in unseren Gästen zu bergen und dazu beizutragen, daß sie sie in ihrem Leben und ihren Beziehungen einsetzen können. So besteht ein Teil unserer Aufgabe als Begleiter darin, die Männer und Frauen, die zu uns ins Recollectio-Haus kommen, mit ihren Ressourcen in Berührung zu bringen, ihnen zu helfen, sie in ihrem Leben umzusetzen. Das beginnt mit der Sensibilisierung für den Leib, der Auseinandersetzung mit der Kindheit und möglichen Blockaden, die sie daran hindern, ganz zu leben. Es geht weiter mit einer größeren Offenheit gegenüber dem Unbewußten und der Bereitschaft sich auch von ihm beeinflussen zu lassen, bis dahin, daß sie in ihren Träumen ein Angebot Gottes sehen lernen, ihnen Wesentliches über ihr Leben mitzuteilen.

Der zweite Teil dieses Satzes *»ganz zu schweigen von den ungeahnten Möglichkeiten Gottes mit dir«*, macht uns im Recollectio-Haus bewußt, daß es bei allem, was wir tun, wichtig ist, daß Gott diesem Tun durch seine Gnade zuvorkommt und er mit jedem und jeder von uns unendlich viel vorhat. Um in den Genuß dessen zu kommen, was Gott mit uns vorhat, bedarf es lediglich der Bereitschaft, ihn an uns wirken zu lassen und von allem zu lassen, was uns hindert und behindert, damit Gott an uns und mit uns das tun kann, was er gerne mit uns tun möchte und was er sich für jede und jeden von uns ausgedacht hat. Daß das mit zu dem Schwersten gehört, *loszulassen*, ist uns bewußt. Das hindert uns aber nicht daran, mit der Art und Weise, wie wir den Menschen im Recollectio-Haus begegnen – zum Beispiel in der Weise wie die geistlichen Begleiter und Begleiterinnen unter uns von Gott sprechen – immer wieder die Seite in ihnen anzusprechen versuchen, die für Gott empfänglich ist und bereit ist, sich seinem Tun immer mehr zu überlassen. Unsere eigenen Erfahrungen damit und unser eigenes Bemühen darum lassen uns, zumindest meistens, geduldig sein und halten uns davon ab, von anderen zu erwarten, was wir selbst noch nicht erlangt haben.

Die Verwandlung der Begleiter

Das ist ein Beispiel dafür, wie sehr wir als Mitarbeiter und Mitarbeiterinnen im Recollectio-Haus immer wieder auch Teil des Verwandlungsprozesses sind, der sich hoffentlich in den Menschen, die unser Haus aufsuchen, vollzieht. Das ist nicht immer nur eine wunderbare, sondern manchmal auch eine sehr schmerzliche Erfahrung, die uns an unsere Grenzen erinnert, uns mit unseren Schattenseiten konfrontiert und uns auch immer wieder deutlich macht, daß wir nicht besser oder gar vollkommener sind als die Menschen, die zu uns ins Recollectio-Haus kommen. Zumindest für mich ist das nach zehn Jahren Recollectio-Haus eine wichtige Erfahrung, für die ich den Männern und Frauen, die ich in dieser Zeit begleiten durfte, sehr dankbar bin.

Psychotherapie und Spiritualität

Ein entscheidendes Kennzeichen des Recollectio-Hauses ist es, daß wir versuchen, Psychotherapie und Spiritualität für den Heilungsprozeß der Männer und Frauen, die zu uns kommen, gleichermaßen zu nutzen. Das unvoreingenommene Einbeziehen der spirituellen Dimension in den Heilungsprozeß war für mich eine der entscheidenden Motivationen für ein solches Haus. Ich erinnere mich gut an die Zeit, als ich in der Erzdiözese Freiburg für hauptamtliche Mitarbeiter und Mitarbeiterinnen zuständig war, die Probleme mit den Mitarbeitern, mit ihrer Gemeinde oder aber mit sich selbst hatten. Meine Aufgabe bestand darin, entweder sie selbst zu beraten und zu begleiten oder ihnen eine Supervision, eine Praxisberatung oder eine Psychotherapie zu vermitteln. Ich tat das nach bestem Können, hatte aber immer wieder das Gefühl, daß bei all den Angeboten, die ich ihnen nennen konnte, die spirituelle Seite zu wenig berücksichtigt und genutzt wurde. Und das in zweierlei Hinsicht.

Zum einen wurde die spirituelle Seite in dem Betreffenden selbst durch den Begleiter oder die Begleiterin in der Regel zu wenig beachtet, andererseits bestand nicht die notwendige Offenheit dafür, daß über das therapeutische Können hinaus, um es ganz schlicht zu sagen, das Wirken Gottes nicht minder entscheidend wenn nicht gar das Entscheidende ist. Wenn ich nach zehn Jahren zurückschaue und mich frage, inwieweit es uns im Recollectio-Haus gelungen ist, diesem Anspruch gerecht zu werden, kann ich sagen, daß wir uns immer wieder darum bemüht haben und – wie ich denke – auch eine Form gefunden haben, die sich bewährt hat.

Es ist gar nicht so einfach zu erklären, wie das gelingt oder wie wir das ›machen‹. Es hat zunächst einfach ganz viel mit den Männern und Frauen zu tun, die als Mitarbeiter und Mitarbeiterinnen im Recollectio-Haus tätig sind. Wir sind alle spirituelle Menschen, insofern wir an Gottes Anwesenheit und Wirken in unserem Leben glauben und in unserem Beten und Meditieren immer wieder mit Gott in Kontakt treten und die Beziehung zu ihm pflegen. Wir tun das je nach unserer Lebenssituation – als Ordensleute oder Verheiratete – auf unterschiedliche Weise. Wir sind zugleich Männer und Frauen, die um die Möglichkeiten der Psychotherapie wissen, zum Teil selbst als Psychotherapeuten bzw. Psychotherapeutinnen ausgebildet sind und uns in unterschiedlichen Graden und auf unterschiedliche

Weise mit uns selbst auseinandergesetzt haben. Wir wissen um die Grenzen der Psychotherapie und wir wissen, daß es auch eine Spiritualität geben kann, die Leben und Wachstum nicht fördert, sondern verneint und behindert.

Uns verbindet ein großer gegenseitiger Respekt für den jeweiligen beruflichen Hintergrund des anderen und dem Wissen und der Erfahrung, die damit verbunden sind. Es sind die Sternstunden in unseren Fallbesprechungen, wenn es uns gelingt von unserem jeweiligen beruflichen Hintergrund – als Medizinerin, als geistlicher Begleiter, als Psychotherapeut – her, unser Wissen und unsere Erfahrung zu einem Problem darzulegen. Wir merken, wenn wir alle Aspekte zulassen, wird der Mann oder die Frau, über die wir sprechen, für uns zugänglicher, können wir ihn bzw. sie in seiner (ihrer) ganzen Tiefe, von seinem (ihrem) ganzen Wesen her, und nicht nur von seinem (ihrem) Problem her, besser verstehen. Das gelingt uns nicht immer, auch weil wir manchmal meinen, es unserem Wissen als Ärztin, Therapeut oder geistliche(r) BegleiterIn schuldig zu sein, dieses Problem so oder so einzuordnen und zu sehen. Aber auch das darf sein. Es gibt kein Modell, wie es am ehesten gelingt, Psychotherapie und Spiritualität zusammenzubringen.

Das Konzept unserer Arbeit bleibt eine dynamische Angelegenheit, das es gilt, immer wieder, im Grunde genommen jeden Tag, neu anzugehen. Wichtig ist für uns, immer wieder gut hinzuschauen, daß im Recollectio-Haus ein Rahmen gegeben ist, der zum einen psychotherapeutisches Arbeiten ermöglicht und fördert, zugleich aber auch eine Atmosphäre gewährleistet, die Ausdruck der Überzeugung ist, daß an diesem Ort und unter diesen Menschen Gott präsent ist und wirkt.

Wer profitiert am meisten von einem Aufenthalt?

Das Recollectio-Haus soll zunächst eine Anlaufstelle sein für Priester und Ordensleute, die sich Zeit für sich nehmen möchten, die mehr, als das sonst üblich ist, ihr Leben anschauen, nachdenken und Neues zulassen möchten. Die Zeit hier ist daher auch eine Art Sabbatzeit, in der unsere Gäste, befreit von den üblichen Pflichten und Aufgaben, *sich selbst* – mehr als es sonst möglich ist – Aufmerksamkeit schenken dürfen.

So kommen Männer und Frauen ins Recollectio-Haus, die vor einer neuen Aufgabe stehen und innehalten, über das Vergangene nachdenken und sich für das Neue rüsten wollen. Andere wieder, die hierherkommen, haben gemerkt, daß ihnen ihre Arbeit keinen Spaß mehr macht, daß sie zunehmend unzufriedener sind, gegenüber ihren Mitmenschen immer ungeduldiger werden oder in ihrem Dienst keinen Sinn mehr sehen. Wieder andere, die den Weg ins Recollectio-Haus finden, spüren, daß sie in eine Situation geraten sind, die sie nicht mehr alleine bewältigen können. Oft erweist es sich, daß sie sich in einer Krise befinden, die sie hilflos erscheinen läßt und aus der sie alleine nicht mehr herausfinden. Dann gibt es Männer und Frauen, die sich nicht mehr sicher sind, ob der von ihnen gewählte Weg als Priester oder Ordensfrau richtig ist. Wieder andere haben sich verliebt oder Erfahrungen gemacht, die sie in Konflikt bringen mit dem von ihnen gewählten Lebensstil und Lebensentwurf. Anderen ist bewußt geworden, daß sie sich sehr oft in Konflikte verwickeln, daß sie Probleme mit Vorgesetzten, Mitarbeitern, Mitbrüdern oder Mitschwestern haben, deren Ursachen ihnen nicht klar sind, die sie aber gerne kennenlernen wollen.

Das sind nur einige Beispiele, die deutlich machen, daß die Gründe, warum jemand ins Recollectio-Haus kommt, ganz unterschiedlicher Art sind, das Recollectio-Haus sich also als ein Haus versteht, in das Menschen mit sehr unterschiedlichen Motivationen und aus ganz unterschiedlichen Gründen kommen können.

Als besonders wirkungsvoll hat sich das vom Recollectio-Haus angebotene Programm bei Menschen erwiesen, die sich in einer sogenannten ›normativen Krise‹ befinden, zum Beispiel einer ›Identitätskrise‹ oder der sogenannten ›Midlife-Crisis‹. Das sind Krisen, die von den Betreffenden verlangen, in die Tiefe zu gehen, zu Grunde zu gehen, um noch mehr mit ihrem Eigentlichen in Kontakt zu kommen. Diese Krisen erweisen sich oft auch als spirituelle Krisen, bei denen es darum gehen kann, einen neuen vertieften Zugang zum Religiösen, zum Geheimnisvollen, zu dem, was über uns hinausweist, zu finden. Eine Psychotherapie und geistliche Begleitung, die es sich neben anderem zum Ziel gesetzt hat, Menschen zu helfen, daß sie psychisch gesehen weiter werden, tiefer mit sich in Kontakt und in Berührung zu kommen, erweist sich in einer solchen Situation besonders hilfreich. Für Sigmund Freud ist das Ziel der Psychotherapie die Befreiung und Vollendung des eigenen Wesens einer Person. Spirituell ausgedrückt heißt das mit den Worten Thomas Mertons: »Heiligkeit bedeutet, der zu werden, der zu werden Du berufen und bestimmt bist. Wer nicht er selber wird, hat nicht gelebt.«

Die Krisen, welche die Männer und Frauen, die zu uns ins Recollectio-Haus kommen, durchlaufen, sind oft von depressiven Erfahrungen begleitet, die bei manchem den Charakter einer ›dunklen Nacht-Erfahrung‹ haben. Eine Einrichtung wie das Recollectio-Haus, bei der solche Symptome aus spiritueller, psychologischer und medizinischer Sicht gesehen und angegangen werden, vermag in solchen Situationen dem Menschen in einer ganzheitlichen Weise gerecht zu werden.

Gute Ergebnisse können wir auch bei Personen vorweisen, die in ihrer sexuellen Entwicklung stehengeblieben sind und bei denen es im therapeutischen und spirituellen Prozeß darum geht ›nachzureifen‹. Hier kommt den Betreffenden zugute, daß die Themen Intimität, Beziehungsfähigkeit, Sexualität offen angesprochen werden können und die Männer und Frauen im Recollectio-Haus in einem geschützten Raum zusammenleben, der es erlaubt in großer Verantwortung füreinander und vor dem gewählten Lebensstil, Beziehung zu erfahren und Beziehungsfähigkeit einzuüben. Dabei geht es unter anderem darum, fähig zu werden, sich auf tiefe bedeutungsvolle Beziehungen einzulassen *und* in der Lage zu sein, sich von Einflüssen und Verhaltensweisen distanzieren und schützen zu können, die die eigene Intimsphäre oder Berufung verletzen würden.

Ebenso positive Erfahrungen machen wir in unserer Arbeit mit Menschen, die bisher einem Gottesbild aufgesessen sind, das sie nicht leben ließ und klein hielt. Ohne die auch fordernde Seite Gottes zu übersehen, bleibt die durchgängige Botschaft, die sich im Sprechen und Tun der Mitarbeiter und Mitarbeiterinnen des Recollectio-Hauses ausdrücken soll, die des barmherzigen Gottes, der jeden und jede von uns, auch in seinem größten Scheitern, annimmt. Eine Spiritualität von unten, die den ganzen Menschen, mit seinem Leib und seiner Seele, mit seinen Tiefen und Höhen, mit seiner Erbärmlichkeit und Einzigartigkeit einbezieht – ein weiteres Kennzeichen der im Recollectio-Haus gelebten Spiritualität – erweist sich für viele Menschen, die ins Recollectio-Haus kommen, als ein die Seele öffnendes Geschenk, das es ihnen wieder möglich macht, voller Zuversicht zu Gott, ihrer Berufung und ihrem Dienst ›ja‹ zu sagen. Die meisten Männer und Frauen, die im Recollectio-Haus gewesen sind, haben wieder neu Lust zum Leben, zum Beten und zum Arbeiten.

Was sich bewährt hat

Nach zehn Jahren Erfahrung kann gesagt werden, daß sich der grundsätzliche Ansatz des Recollectio-Hauses bewährt hat – die Betonung einer Balance zwischen Spiritualität und Psychotherapie und das Angebot an psychotherapeutischer und spiritueller Einzelbegleitung ebenso, wie die psychotherapeutische Kleingruppenarbeit und die selbsterfahrungsbezogene Gestaltungsarbeit. Nicht mehr wegzudenken ist auch die Leibarbeit. Neu hinzu kam die ›Alltagsgruppe‹, die Gelegenheit gibt, noch stärker als bisher den Alltag, das Leben und Arbeiten, sowie aktuelle Konflikte anzuschauen und aufzuarbeiten. Die Einführung in die Meditation, die Sensibilisierung für psychosomatische Zusammenhänge, der Umgang mit der eigenen Maske, die Reflexion über die Möglichkeiten und Grenzen der zur Verfügung stehenden Energie, Themen wie Selbstannahme, Selbstwertgefühl, tiefenpsychologisches Verstehen der Bibel und die Übertragung dieser Erkenntnisse auf die eigene Situation, bleiben weiterhin wichtige Themen.

Nachtreffen

Sehr bald merkten wir, daß auch nach dem Aufenthalt im Recollectio-Haus Angebote von unserer Seite her hilfreich sein können. So führten wir vor einigen Jahren das sogenannte Nachtreffen ein, bei dem sich die TeilnehmerInnen nach einem Jahr noch einmal für eine Woche treffen, um sich über den Aufenthalt im Recollectio-Haus und die Zeit danach auszutauschen und darüber zu reflektieren, was sich bewährt hat oder was wieder neu aufgegriffen und in den Alltag und das Leben umgesetzt werden muß.

Recollectio-Haus – ein Teil der Kirche

Das Recollectio-Haus genießt innerkirchlich insgesamt ein hohes Ansehen. Wir spüren immer wieder die Unterstützung von verantwortlichen Bischöfen und Ordensvorgesetzten im deutschsprachigen Raum. Die regelmäßigen Treffen mit den Diözesanbeauftragten der Bistümer, die das Recollectio-Haus finanziell unterstützen, macht uns deutlich, daß wir von anderen mitgetragen und in unserer Arbeit gewürdigt werden.

Eine Einrichtung wie das Recollectio-Haus ist aber auch Mißverständnissen ausgesetzt. So spricht der bekannte Psychologe und Analytiker Eugen Drewermann vom Recollectio-Haus als »eine Art Auffanglager für Triebgeschädigte unter dem Zölibat und dem christlichen Ideal«. Die Menschen, die ins Recollectio-Haus kommen, würden, so meint er, gleichsam dorthin abgeschoben. Unsere Hilfsmöglichkeiten im Recollectio-Haus seien sehr begrenzt, da wir als Therapeuten in einem kirchlichen Kontext den Menschen, die zu uns kommen, nicht zum Ausleben ihres Triebes oder zu einer Beziehung mit einer Frau raten dürften. Auf der anderen Seite müssen wir uns von manchen kirchlichen Stellen vorhalten lassen, wir würden uns zu sehr mit der Sexualität auseinandersetzen oder auch eine zu liberale Haltung gegenüber der Homosexualität einnehmen. Wie so oft zeigt sich hier, daß jemand, wenn er über etwas redet, das er nicht wirklich kennt und von dem er vielleicht auch wenig Ahnung hat, er meist nicht über die Sache spricht, sondern vielmehr etwas über sich selbst aussagt. Wir rechnen mit solchen Mißverständnissen und versuchen damit zu leben. Darüber hinaus sind wir bereit mit denen, die uns kritisieren, ins Gespräch zu treten.

Als ich vor einiger Zeit Eugen Drewermann eher zufällig traf und mich vorstellte, hielt er mir sogleich vor, wir hätten uns in Münsterschwarzach mit dem Recollectio-Haus ein Haus der Illusionen errichtet. Ich lud ihn ein, bei uns einmal vorbeizukommen, sich anzuschauen, was wir machen und mit uns zu reden. Darauf meinte er, daß er in der Diözese Würzburg Redeverbot habe. Als ich ihm entgegnete, daß uns niemand daran hindere, ihn zum Gespräch einzuladen und er herzlich willkommen sei und ich ihm etwas von unserer Arbeit erzählte, merkte ich sehr schnell, daß alles, was ich sagte, wie von einer Wand von ihm abprallte. Die Kirche sei ein Ort der Unterdrückung, meinte er. Ich hatte keine Chance bei ihm zu ›landen‹. Ich mußte lange über diese Begegnung nachdenken und den tieftraurigen Blick meines Gegenübers.

Am nächsten Tag traf ich den Wiener Kardinal Christoph von Schönborn. Als ich mich vorstellte, berichtete er erfreut von den Priestern, die aus seiner Diözese im Recollectio-Haus waren und bedankte sich für unsere Arbeit. Hier gelang es mir, innerhalb weniger Minuten Kontakt zu einem Menschen zu knüpfen – in eine Beziehung zu treten. Ich sprach mit jemanden, der die Namen der Priester präsent hatte, die im Recollectio-Haus waren, um sie wußte. Ich spürte sein Interesse an ihnen. Ich weiß sehr wohl, daß Kirche auch ein Ort der Unterdrückung sein kann. Ich weiß aber auch – auch aus eigener Erfahrung –, daß sie ein Ort der Befreiung, des Wachsens, der Sorge und des Segens sein kann und oft auch ist. Wir im Recollectio-Haus verstehen uns als Teil dieser Kirche, an der wir uns manchmal freuen, über die wir uns manchmal ärgern und unter der wir manchmal leiden.

Münsterschwarzach ist ein Ort mit weltweiten Beziehungen, da die hier lebenden Benediktiner in vielen Ländern, vor allem in Afrika, Asien und Südamerika, Missionsstationen unterhalten. Es ist immer wieder erfrischend, wenn Abt Fidelis oder Missionare von den Aufbrüchen und der Lebendigkeit in den dortigen Kirchen berichten. Solche Berichte und Erzählungen bauen auch uns auf, nähren unsere Hoffnung und regen unsere Phantasie und Kreativität an, an dem Ort, wo wir sind und arbeiten, an einer Kirche mitzuarbeiten, die lebendig ist und die Menschen hilft, die Beziehung zu Gott zu finden und zu pflegen.

Kontakte zu ähnlichen Einrichtungen

In den zehn Jahren des Bestehens des Recollectio-Hauses sind über fünfhundert Männer und Frauen Gäste im Recollectio-Haus gewesen. Darüber hinaus gab es unzählige weitere Kontakte und Gespräche mit Menschen, die Rat suchten. Es gab neben dem Recollectio-Haus Versuche, ähnliche Einrichtungen zu schaffen, mit mehr oder weniger großem Erfolg. Soweit wir darum wissen, unterstützen wir ihre Arbeit. Vor allem in der Anfangszeit war uns der Rat und der Kontakt zu vergleichbaren Einrichtungen in den USA wichtig. Dieser Kontakt wird weiterhin eine Rolle spielen, da von dort viele Impulse und Innovationen ausgehen, die wir auch für unsere Arbeit nutzen können. Darüber hinaus wird es aber zunehmend wichtiger, den Austausch mit den Verantwortlichen im deutschsprachigen Raum zu pflegen, die im Bereich der Seelsorge für Seelsorger und Ordensleute tätig sind.

Der Seele die Führung überlassen

Wieder einmal findet eine Abschlußrunde statt. Jeder Teilnehmer, jede Teilnehmerin des Kurses hat Gelegenheit, der Gruppe und den Begleitern zu sagen, was ihnen am Ende dieses Aufenthaltes wichtig ist. Meistens sind es Worte des Dankes. Für viele wird die Zeit im Recollectio-Haus zu der wichtigsten

Zeit in ihrem bisherigen Leben. Ich weiß, manches von dem, was einer sich vorgenommen hat, wird im Alltag sehr schnell vergessen sein. Ich gebe mich auch nicht der Illusion hin, daß die Männer und Frauen, die jetzt wieder das Recollectio-Haus verlassen, total verwandelt und als ganz andere von hier weggehen. Und dennoch ist, zumindest bei den meisten, etwas Entscheidendes in ihrem Leben geschehen. Etwas, das anhält. Sie haben etwas erfahren – wenn sie dazu in ihrer Tiefe bereit waren –, das sie nicht mehr vergessen werden, das nicht mehr auszulöschen ist. In ihnen ist zum Leben erwacht, was schlummerte, wie tot wirkte. Manche spüren ganz stark diese neue Lebendigkeit und Kraft in ihnen; andere haben immerhin eine Ahnung davon bekommen.

Es ist die Kraft, die Lebendigkeit, die wir spüren und die uns im Leben nach vorne gehen läßt, wenn wir sie zulassen, wenn wir ihr vertrauen. Es ist die Kraft, die sich in uns entfalten kann, wenn wir unserer Seele die Führung überlassen, von der diese Kraft und Lebendigkeit kommt. Denn, so C. G. Jung, die Seele ist das Lebendige und Lebenschaffende im Menschen. Sie ist die Ruach, wie es die Hebräer sagen, der Geist, von dem es im Pfingsthymnus heißt:

Komm, o du glückselig Licht,
fülle Herz und Angesicht
dring bis auf der Seele Grund.

Ohne dein lebendig Wehen
kann im Menschen nichts bestehen,
kann nichts heil sein noch gesund.

Was befleckt ist, wasche rein,
Dürrem gieße Leben ein,
heile du, wo Krankheit quält.

Wärme du was kalt und hart,
löse, was in sich erstarrt,
lenke, was den Weg verfehlt.

Solange die Männer und Frauen, die im Recollectio-Haus waren, mit ihrer Seele in Berührung sind und sich von dieser Seele, diesem Geist leiten lassen, werden sie *ihren* Weg gehen können, wohin immer er sie führt und was immer er ihnen abverlangen mag.

Meine Reco-Box

Erinnerungen einer Teilnehmerin
des Recollectio-Kurses

»Was, diese Schachtel soll auch noch in den Koffer?«

Meine Mitschwester hatte richtige Kulleraugen bekommen angesichts des Berges noch einzupackender Sachen, obenauf die mit bunten Bildern dekorierte ›Reco-Box‹. Ja, die mußte unbedingt mit in die Ewige Stadt, die für etliche Jahre meine neue Heimat werden soll. Seit einigen Wochen bin ich nun hier. In meinem neuen Zimmer habe ich nach etlichem Herumschieben der Möbel endlich einen geeigneten Platz für die Meditation und für besinnliche Stunden gefunden, und damit auch einen Platz für meine ›Reco-Box‹.

Ich nehme sie in die Hände und betrachte die Bilder, mit denen ich sie überklebt habe: da ist die Abtei Münsterschwarzach mit ihren charakteristischen vier Türmen und mächtigen steinernen Mauern, davor der Main – so blau habe ich ihn gar nie gesehen. Erinnerungen werden wach: gemeinsame Spaziergänge am Main entlang, meine frühmorgendlichen Wanderungen durch die taunassen Felder hinter der Abtei, die blühenden Wiesen mit weithin leuchtenden Mohn- und Kornblumen, das Wachsen und Reifen des Getreides, das Trillern der Lerchen hoch in der Luft, das Geläute der Glocken der Abtei und des bescheidenen Kirchleins im benachbarten Gerlachshausen ... Die Monate von April bis Juli waren für mich wohl die beste Zeit, auch selbst wieder zu neuem Leben zu erwachen.

Ein Freitag gegen Ende des dreimonatigen Kurses. ›Abschiedsrituale‹ stehen auf dem Programm. Wir sitzen im Kreis, neun Frauen und neun Männer, und blicken erwartungsvoll auf den therapeutischen Begleiter Dr. Ruthard Ott, der mit

einem Packen zusammengefalteter Kartons in den Gruppen-
raum kommt. Zunächst eine kleine Hinführung, wie wichtig
bewußtes Abschiednehmen ist, damit man anderswo neu anfangen kann: bewußt zurückschauen, dann aber loslassen und
nach vorne schauen ... Die drei gemeinsamen Monate waren
sehr wichtig für uns, aber ihr Ziel war nicht, daß wir uns in der
›Schutzzone‹ des Recollectio-Hauses niederlassen. Jeder und jede
von uns war in einer gewissen Übergangssituation. Jetzt heißt
es, uns vorbereiten auf den Schritt ›hinaus‹, uns auf den neuen
Weg einlassen, der vor uns liegt. Zugleich aber sollen wir mitnehmen, was uns trägt und stärkt, aufrichtet und tröstet ...

Dann ›erteilt‹ uns Dr. Ott den ›Arbeitsauftrag‹: jeder erhält
einen Karton, der verziert werden soll. Im Foyer und im Kreativ-
raum liegen Scheren, Klebstoff, Stifte und stapelweise Bild-
kalender aus früheren Jahren – die Druckerei der emsigen
Mönche läßt grüßen. In Stillschweigen, unter sanfter Musik-
begleitung gehen wir ans Werk. Manche sind schnell fertig mit
ihrer Schachtel, bei mir dauert es etwas länger – so viele Bilder,
die mich ansprechen, die mit Stationen in meinem bisherigen
Leben oder meiner jetzigen Situation zu tun haben. Schließlich habe ich den braunen Karton rundum zugedeckt mit Bildern von Menschen aus allen Kontinenten und symbolträchti-
gen Naturfotos – eine Handvoll Reis, Schwalben, die sich hoch
im herbstblauen Himmel zum Abflug in den Süden versam-
meln und in mir eine Sehnsucht nach Freiheit und Weite auf-
steigen lassen, ein Wasserfall, der unvermeidliche Sonnenun-
tergang ...

Diese Schachtel soll ein richtiges ›Schatzkästchen‹ für unsere Zeit danach sein, lautet die Anweisung im nächsten Schritt.
Da soll alles hineinkommen, was uns in diesen drei Monaten
im Recollectio-Haus lieb und wertvoll geworden ist, wichtige
Dinge und scheinbare Kleinigkeiten, alles, was uns in dunklen

Stunden weiterhelfen kann, was uns aufrichten kann, wenn uns die Mutlosigkeit zu überwältigen droht, erklärt der Therapeut. Auch Namen und Telefonnummern von Menschen, die uns in der Zeit nach Münsterschwarzach Zuflucht sein können, gehören dazu. Nun, für uns Frauen kann ich mir so eine gefühlvolle Erinnerungsmethode ja vorstellen, aber was werden die Männer in unserer Gruppe dazu sagen? Bald merke ich, daß ich das andere Geschlecht wieder einmal total falsch eingeschätzt habe. Beim Austausch zu dritt, bei dem wir unsere Schachteln samt Erinnerungsschätzen zeigten, lerne ich zwei Mitglieder unserer Gruppe von einer ganz neuen, zarten Seite kennen. Dann treffen wir uns wieder in der großen Runde, in der wir in einer Art ›Selbstverpflichtung‹ mitteilen, wo wir dieses Schatzkästchen hinstellen und wie oft wir es aufmachen wollen. Rückschauend auf das erste Jahr muß ich sagen, daß ich mich zwar nicht ganz an meine Vorsätze gehalten habe, dazu war es zu turbulent. Aber welche Kraft und welcher Trost davon ausgeht, habe ich etliche Male sehr deutlich erfahren, wenn mich die dunklen Schatten wieder zu überwältigen drohten.

Ich fange mit dem Auspacken an. Da kommt, sorgfältig eingehüllt in weiche Wäschestücke, meine Gipsmaske zum Vorschein. Ich sehe Pater Meinrad vor mir, den quirligen Benediktiner, seine lebhaften blauen Augen, seinen festen Schritt. Mir fällt ein, wie er uns beim ›Leib-Wochenende‹ nicht nur eindringlich den Wert unseres Leibes vor Augen geführt hat, sondern auch, was es bedeutet, einen festen Stand zu haben, in sich verwurzelt zu sein: Die zwei größten und stärksten Männer aus unserer Gruppe vermochten nicht, ihn auch nur einen Millimeter vom Boden wegzuheben. Ich höre ihn noch immer, wie er uns durch die Abteikirche führt, uns die Botschaft der Architektur und der künstlerischen Ausstattung erschließt. Und dann das ›Maskenwochenende‹: Wir alle haben verschiedene

Gesichter, setzen verschiedene Masken auf, müssen immer wieder andere Rollen spielen ... Schließlich machten wir uns in schweigender Partnerarbeit gegenseitig Gipsabdrücke von unserem Gesicht. Ich schaue meine Maske an, erkenne darin sehr deutlich die Züge meines Vaters, begegne meinen Wurzeln, schmerzliche Fragen an ihn steigen auf: Warum hast du mich und meine Mutter verlassen? Warum warst du nicht da, wenn ich Geborgenheit suchte, wenn ich dich gebraucht hätte? ...

Meine Hände fassen ein weiteres gut eingewickeltes Stück: eine auf den Knien kauernde Tonfigur, die Arme ausgebreitet und doch irgendwie zögernd. Ein Arm ist abgebrochen, allerdings nicht erst beim Transport. Ich hatte nach der Rückkehr den Mitschwestern in meiner früheren Gemeinschaft von den Erfahrungen im Kurs erzählt und dabei auch die mitgebrachten ›Schätze‹ gezeigt. Eine Schwester hatte nicht bedacht, wie zerbrechlich die etwas klobige Figur ist. Auch sie entstand gegen Ende des Kurses, in der ›Kreativstunde‹ bei Schwester Julietta, mit bloßen Händen und geschlossenen Augen geformt. Wir sollten damit ausdrücken, wie wir uns in dem Augenblick fühlen und wie wir auf die Zeit ›danach‹ zugehen wollen.

Ja, diese kreativen Vormittage in der Kleingruppe! Für manche eine echte Plage – ich höre X noch immer stöhnen: »Ich kann doch nicht zeichnen oder malen, das habe ich noch nie gekonnt ...« Ich freute mich immer darauf, denn sie eröffneten mir ganz neue Einsichten und Erfahrungen. Besser als viele andere Methoden halfen mir Pinsel und Farben zu erspüren und auszudrücken, was sich in mir regte. Vor allem aber lernte ich dabei, meine tiefen, verborgenen Verwundungen wahrzunehmen, Schmerzen, die ich nie zugeben wollte und die mich doch so belasteten und behinderten. Manchmal entwickelte sich ein Bild ganz anders, als ich es mir ursprünglich bei der Einführung vorgestellt hatte. So etwa, als es um unseren Lebensbaum ging. Während des Malens tauchte plötzlich eine schwarze Axt auf, um einen großen Ast, eigentlich schon einen Teil des Stammes, abzuhacken ... Inzwischen hat diese Axt ihr Werk vollendet – das Unvorstellbare ist geschehen: ein wesentlicher Teil meiner letzten zwanzig Jahre, beruflich wie persönlich, einfach abgehackt – die Wunde schmerzt noch immer ... Von einigen Bildern habe ich Fotos gemacht, weil ich die großen Plakate nicht mitnehmen konnte. Ich schaue sie an, lasse Stimmen und Botschaften wieder wach werden ... Auf einem Bild habe ich einen Satz aus der Homilie zu Matthäus 22,21 von Pater Anselm Grün dazugeschrieben: »Gebt euch Gott zurück.«

Und da sind auch die übrigen Fotos: von unseren Besuchen in Würzburg und Bamberg, von einer Radtour, von unserem gemeinsamen Ausflug zum Winkelhof im Steigerwald. Da sitzt Pater Anselm ganz leger in Knickerbocker und Wanderschuhen auf den Stufen vor der Haustür; da ist die Grillaktion hinter dem Haus, dann das gemeinsame Abendessen und der gemütliche Ausklang mit Liedern ohne Ende. Andere Bilder zeigen unser alltägliches gemeinsames Leben, beim Spülen und Putzen, ein Kursteilnehmer, der die Betten im Sitzen neu überzieht und das Mittagessen mit seinem Fahrrad von der großen Küche holt. Einige Fotos von unseren Gottesdiensten mit unseren spirituellen Begleitern Pater Anselm, Pater Udo und Pater Meinrad, die Kapelle mit der Christusikone und der Darstellung des Gekreuzigten ohne Arme und Beine an der kahlen Wand – »Christus hat keine anderen Arme als die meinen ...« Einmal hat mich mein therapeutischer Begleiter in die Kapelle geschickt, um davor über meine Berufung nachzudenken.

Ich krame weiter in meiner Reco-Box. Da ist die Kerze, die mir eine Mitschwester geschickt hat, verziert mit den Worten *Leben aus der Mitte*; darüber ein Regenbogen. Sie kam gerade zu der Zeit an, als mir besonders eindringlich bewußt wurde, daß ich im Vielerlei meiner Aufgaben meine *Mitte* verloren hatte, daß ich gefesselt war von den Erwartungen anderer und von meinen eigenen Wünschen, daß ich der Unruhe in mir und einer mahnenden inneren Stimme immer mehr ausgewichen bin. Meine *Mitte* wiederfinden war denn auch ein Ziel für die Zeit im Reco-Haus. Ich mußte allerdings auch einsehen, daß man nicht in drei Monaten nachholen kann, was man jahrelang vertrödelt hat ...

Ein kleines mit Intarsien verziertes Kästchen kommt zum Vorschein, Geschenk von einer Mitschwester, die mich auch in schwerer Zeit nicht fallengelassen hat, mir zur Begleiterin geworden ist. Darin einige besondere Schätze: mein erstes Profeßkreuz aus Silber, ein abgebrochener Arm eines Gekreuzigten aus schwarzem Holz, wohl von einer afrikanischen Schnitzerei. Ich habe ihn im Staub in der Nähe des Fair-Trade-Ladens gefunden. Und da ist auch der abgebrochene Arm von meiner Tonfigur – welch seltsames Miteinander! Einmal mehr höre ich: »Christus hat keine anderen Hände als die meinen ...« Einige Murmeln stoßen leise aneinander, die mir verschiedene Menschen im Laufe der letzten Jahre geschenkt haben, darunter auch eine von der Abschiedsrunde mit Schwester Julietta und eine Muschel mit einer Perle, und die entsprechende Geschichte dazu ...

Am Boden der Schachtel ein Stoß Papiere – Gebete, Meditationen, Texte, Geschichten, die schriftlichen Anleitungen von Schwester Julietta zur ›Leibarbeit‹, mit der unser Tag begonnen hat, zur Partnermassage. Ich sehe vor mir, wie einige noch schlaftrunken in den Gymnastikraum tappen, die Decke ausbreiten, sich hinlegen, atmen ... Ich höre die meditative Musik, Schwester Juliettas einführende Worte »Sorge für deinen Leib, damit die Seele Lust hat, darin zu wohnen«, »in den Leib hineinspüren«, »den Atem fließen lassen bis in den Bauch hinein«,

»ganz da sein«, »nur wer selbst Halt hat, kann anderen Halt geben.« Ich spüre den Stich – wie wahr! Ich wollte Halt geben, obwohl ich selbst Halt suchte – das konnte nicht gut gehen ... Da sind auch die Anleitungen zu den ›Fünf Tibetern‹, die mich und anderen ganz schön zum Ächzen gebracht haben. Beim Nachtreffen haben einige Kursteilnehmer erzählt, daß sie die Übungen noch immer regelmäßig machen. Ich gehöre nicht dazu. Geblieben ist auch die Erinnerung an das meditative oder freie Tanzen Montag abends, wie mich Nichttänzerin die Melodien durch den Raum getragen haben ...

Verschiedene Arbeitsblätter und Fragebögen kommen zum Vorschein: ›Lebensenergie und beruflicher Alltag‹, ›Seelische Grundbedürfnisse‹, ›Gesunder Lebensstil‹, der große Bereich ›Selbstwertgefühl‹, die Geschichte vom mehr oder weniger vollen ›Pott‹ unseres Selbstwertgefühls. Mir fallen die wöchentlichen Vormittagsrunden in der Kleingruppe bei Dr. Müller ein, die Einleitungsfrage »Wie fühlen Sie sich?« Meine Güte, wie soll ich ausdrücken, wie ich mich fühle? Weiß ich es überhaupt? Mein ›Pott‹ war nicht nur leer, sondern schlichtweg kaputt, zerschlagen ... Jeden Dienstagvormittag die bange Frage: werde ich durchkommen, ohne zu weinen? Meistens schaffte ich es nicht. Mein Leben lang hatte ich es gelernt, meine Wunden zu verbergen, mein Herz ›hart‹ zu machen und mir nichts anmerken zu lassen, wenn mich jemand verletzte. Und nun schien ich plötzlich rundum wund zu sein. Wo auch immer ich angerührt wurde, tat es weh, und ich konnte oft nicht einmal erklären, warum. Wie sehr habe ich mich meiner Tränen geschämt! Aber in der Gruppe erlebte ich mich auch angenommen und gehalten trotz meiner Wunden – vielleicht zum ersten Mal. Ich wußte mich in einer Gemeinschaft von Menschen, die auch verwundet waren, auf je ihre eigene Weise, und manche konnten über ihre Wunden sehr offen sprechen.

Langsam packe ich die Schätze wieder in meine Reco-Box, die ›Selbstverpflichtung‹ obenauf – für die nächste besinnliche Stunde. Auch die Briefe kommen hinein, die ich im vergangenen Jahr von unserer Gruppe erhalten habe. Die Maske hänge ich an einen Nagel in der Ecke, und daneben das bunte Seidentuch mit den Namen unserer Gruppe, Namen von Menschen, die mir in den drei Monaten zu Weggefährten geworden sind, auch wenn sie jetzt Hunderte Kilometer entfernt sind. Meine Reco-Box sagt mir täglich: Du bist nicht allein.

Joseph Sauer

Gemeinsam auf dem Weg

Da kam vor einigen Wochen die Einladung zur Feier des zehnjährigen Bestehens des Recollectio-Hauses in Münsterschwarzach. Die erste Reaktion war einfach Freude darüber, daß es diese Einrichtung nicht nur gibt, sondern daß sie sich auch sehr bewährt hat; dann aber war es auch Verwunderung: jetzt sind es schon zehn Jahre!

Und gleich stiegen Erinnerungen in mir auf: vor allem an Dr. Wunibald Müller, aber auch an das Haus in Münsterschwarzach und an die Eröffnungsfeier.

Nun wurde ich auch gefragt, ob ich nicht wenigstens einen kurzen Beitrag über meine Eindrücke und Erfahrungen mit dem Recollectio-Haus und seiner Geschichte schreiben möchte, vor allem aus der Perspektive der Diözesen. Da ich die Arbeit die ganzen Jahre hindurch mit Interesse mitverfolgt habe, möchte ich nicht ausweichen, sondern einfach in einem mehr oder weniger erzählenden Stil mitteilen, was ich miterlebt habe und was mich beeindruckt hat; freilich, die Perspektiven der beteiligten Diözesen kann ich nicht kompetent genug vertreten, da ich selbst seit drei Jahren nicht mehr dem Erzbischöflichen Ordinariat Freiburg angehöre.

Es war im Jahre 1983, als ich Wunibald Müller in Freiburg zum ersten Mal begegnet bin. Wir haben uns sogleich gut verstanden, nicht nur weil wir uns sympathisch waren, sondern vor allem weil wir gemeinsame Interessen feststellen konnten. Und es dauerte nicht lange, da konnte ich ihm die Aufgabe der Praxisberatung im Institut für Pastorale Bildung übertragen. In dieser Zeit war ich als Leiter des Institutes stark mit der Entfaltung des Referates ›Priesterfortbildung‹ befaßt; es ging darum, diesen Dienst für die Mitbrüder in der Erzdiözese Freiburg angesichts der allgemein gesellschaftlichen wie auch der kirchlichen Entwicklungen ausdrücklicher wahrzunehmen.

Bald kam es gerade in diesem Bereich zu einer regelrechten Zusammenarbeit zwischen Wunibald Müller und mir. Was er von seiner Ausbildung in den USA, insbesondere bei Carl Rogers, aufweisen konnte, kam eigentlich wie gerufen; doch dies war nur die eine Seite; zudem brachte er vor allem eine starke geistliche Orientierung, eben auch aufgrund seines theologischen Studiums mit.

Vor diesem Hintergrund unserer Angebote wurde das Echo der Mitbrüder und überhaupt der hauptamtlichen Mitarbeiter und Mitarbeiterinnen in der Diözese entsprechend stärker. Es wird ja nach wie vor unerläßlich sein, in den Fortbildungsangeboten theologisch zu argumentieren, eben auch Referate zu halten; so aber bleiben oft tiefer gehende persönliche Fragen und Probleme unausgesprochen, sie werden einfach übergangen. Diese sind dann den einzelnen überlassen, so daß sie, mehr als es ihnen bewußt wird, immer in Gefahr sind, sie zu verdrängen.

Von daher ist es nicht verwunderlich, wenn Verantwortliche immer größeren Wert auf den Dialog gelegt haben: im Gespräch einfühlend einander zuzuhören und womöglich weiterzuhelfen, wann und wie auch immer. In der Regel wird jeder Mensch in eine not- oder gar leidvolle Situation geraten, in der er allein bleibend überfordert ist, ein Gespräch jedoch spürbare Hilfe werden kann.

Es ist eine allgemein bekannte Erfahrung: wenn wir um einen Menschen wissen, der uns nicht einfach ›abhört‹, sondern einfühlsam zuhört, so gelingt es viel besser als in einer

isolierten Reflexion, Verdrängtes oder Blockiertes ins Bewußtsein zu heben. Es ist ein Vorgang von einzigartiger Bedeutung,
wenn ich mich eingeladen fühle, mich auszusprechen in dem,
was mich möglicherweise weitgehend unartikuliert einfach bedrängt; und indem ich es ins Wort zu bringen vermag, lerne ich
auch besser verstehen, was es im Grunde ist. Das ist schon ein
wichtiger Schritt. Der Philosoph Spinoza sagte: »Gefühlsregun-
gen, die Leiden sind, hören auf, Leiden zu sein, wenn du dir
eine möglichst genaue Vorstellung davon machen kannst.« Und
so sich schließlich aussprechen, also etwas Bedrängendes aus
mir hinaussagen, ist ein befreiender Vorgang.

Diese wenigen Andeutungen aufgrund eigener Erfahrungen lassen schon erkennen, warum mir Wunibald Müller damals im Institut so willkommen war. Er konnte bei Fortbil-
dungsveranstaltungen für Hauptamtliche aufgrund seiner
psychotherapeutischen und eben auch spirituellen Zuständig-
keit sehr beeindrucken.

So ist es leicht erklärbar, warum ich mich für ein Konzept
begeistern konnte, in dem psychotherapeutische wie auch spirituelle ›Kompetenz‹ maßgebend werden sollte. Nach dem Beispiel des ›House of Affirmation‹, das Jesuiten in Kalifornien ins
Leben gerufen haben, strebte Wunibald Müller eine den deutschen Verhältnissen entsprechende Einrichtung an. Es sollte also
um eine Art Institut gehen, in dem Priester und Ordensleute,
die auf ihrem Weg in die Krise geraten waren, angenommen
und begleitet werden sollten. Aufgrund eigener Erfahrungen
und Interessen empfand ich eine ausgesprochene Sympathie
für diese Idee, über die wir ja mehrmals gesprochen hatten.
Schon damals leitete ich neben meiner Aufgabe als Domkapitular im Ordinariat Freiburg ein kleines geistliches Zentrum,
das beim Freiburger Katholikentag 1978 erstmals entstand.
Schon mehr als zehn Jahre versuchten wir, eine Spiritualität des

Alltags tiefer zu erfassen und auch in die alltägliche Wirklichkeit zu übersetzen.

Es ist deshalb verständlich, daß zunächst der Gedanke aufkam, ob diese neue Einrichtung nicht etwa in Sasbach im sogenannten Haus St. Konrad untergebracht werden sollte.

Ich habe das Anliegen in dem Erzbischöflichen Ordinariat in Freiburg vorgetragen und entsprechend begründet. Daß eine solche Idee im Für und Wider ernsthaft besprochen werden muß, ist selbstverständlich. Das eine ist zunächst die Vorstellung, das andere ist die Verwirklichung. Es war zunächst einfach auch die Frage: ist eine Diözese mit einem solchen Projekt nicht auf Dauer überfordert – und zwar in vielfältiger Hinsicht? Daß Priester und Ordensleute in einer ihnen angemessenen Weise Hilfe erfahren sollten, also nicht nur psychotherapeutisch sondern eben auch geistlich, wurde auch von Anfang an nicht in Frage gestellt.

Doch wer übernimmt die Trägerschaft? Das war die Frage. So hat alsbald der Personalreferent Domkapitular Dr. Robert Zollitsch, von Freiburg aus Kontakt aufgenommen mit den zuständigen Referenten der Diözesen Rottenburg und Würzburg. Er fand nicht nur Zustimmung, sondern auch Interesse. Das war ermutigend. So konnten schließlich auch die Diözesen Limburg und Mainz zur Mitträgerschaft gewonnen werden. Damit war im Grunde die Entscheidung gefallen. Die Frage war nur noch, wo ein entsprechendes Haus in allgemeiner Zustimmung der Diözesen gefunden werden konnte.

Während all dieser Kontaktgespräche unter den Diözesen hat Wunibald Müller Kontakt mit Abt Fidelis von Münsterschwarzach aufgenommen und fand erfreulicherweise bei ihm eine sofortige Bereitschaft, ja sogar ein erkennbares Interesse. So waren die wichtigsten Voraussetzungen geschaffen.

Was mir in dem Zusammenhang besonders wichtig wurde: Psychotherapeutische Institute und Heilstätten waren bekannt und anerkannt; daß nun aber die geistliche Dimension ausdrücklich miteinbezogen werden sollte, war in meinen Augen eine bemerkenswerte und im Grunde eben auch ermutigende Initiative. So konnten auch geistlich orientierte Menschen im Dienst der Kirche wie auch Mitglieder von Ordensgemeinschaften angesprochen werden.

Natürlich mußte auch da wichtige Orientierungsarbeit geleistet werden, gab es doch verständlicherweise Vorbehalte, sich als ein im Dienst der Kirche beauftragter Mensch einzugestehen, daß er allein überfordert ist mit seinen menschlichen Problemen, ja daß er in eine Krise geraten ist.

Für die Verantwortlichen war und ist gerade im Hinblick darauf eine hohe menschliche, fachliche und geistliche Einstellung erforderlich, fällt es doch den meisten und erst recht dem kirchlichen Mitarbeiter und eben auch einem Ordensangehörigen einfach schwer, sich zuzugestehen: »Ich habe es nicht geschafft, ich bin in meinen Kräften überfordert, vor allem – ich weiß nicht mehr, wie es mit mir im kirchlichen Dienst weitergehen kann.« Es bedarf einer sorgfältigen Begleitung, in deren Atmosphäre die Menschen, die jahrelang in ihrer kirchlichen Aufgabe große Anerkennung erfahren, die vielen Menschen geholfen haben und die plötzlich in Not geraten sind und selbst Hilfe brauchen, nun ihrerseits tatsächlich für sich selbst Hilfe annehmen können.

Da gibt es ja Fluchtbewegungen verschiedenster Art, einfach Versuche, auszuweichen in Illusionen, die ja letztlich große Hindernisse sind auf dem Weg zur Selbstannahme. Durch alle Verdrängungsmechanismen sich in die eigene Ohnmacht fallen zu lassen, das ist eine leidvolle Erfahrung. Ja sagen zu dem, was ist und sei es gerade diese Krise, von der man immer meinte, man selbst sei über solche Schwierigkeiten erhaben, das fordert menschliche Demut, überhaupt einen lebendigen Glauben.

Irenäus von Lyon wird das Wort zugesprochen: »Quod non assumptum est non est sanatum.« Damit sollte aus theologischer Perspektive zum Ausdruck kommen: Nur was wirklich in der Menschwerdung Christi angenommen wurde, ist in das Werk der Erlösung mit einbezogen. In einer Entsprechung dazu kann man wohl auch für unser eigenes Leben sagen: »Was in deinem Leben nicht angenommen wurde, ist nicht heil.« Und wenn wir also den Anspruch an uns, in aller Ehrlichkeit unsere Not anzunehmen und ›ja‹ zu sagen, verweigern, kann Heilung in der Krise nicht wirklich aufkommen. Oft ist es ein schmerzlicher Prozeß und eine wirklich leidvolle Erfahrung, nicht mehr die bleiben zu dürfen, die wir zuvor unbedroht waren, um so erst recht zu uns zu kommen. Und noch eines soll nicht unerwähnt bleiben. Ein wichtiges Argument für diesen Dienst an Menschen in der Krise ergibt sich vor allem auch daraus, daß solche geführten und schließlich wieder geheilten Menschen in der Folgezeit mit weit größerem Einfühlungsvermögen, mit tiefer Aufmerksamkeit Menschen in den Gemeinden oder eben auch in Klöstern wahrnehmen können. So etwas kann nicht mit Zahlen belegt werden, ist aber für den Dienst in der Kirche von unermeßlicher Tragweite.

Gerne erinnere ich mich an die Einweihung im April 1991 in Münsterschwarzach. Der Vorschlag von Abt Fidelis, die neue Einrichtung ›Recollectio-Haus‹ zu nennen, fand allgemein Zuspruch. So hat es sich in den vergangenen zehn Jahren aufgrund einer bemerkenswert gewissenhaften fachlichen und geistlichen Kompetenz für die beteiligten Diözesen zu einem selbstverständlichen und anerkannten Institut entwickelt.

Die Eröffnungsfeier ist mir noch sehr lebendig in Erinnerung. Ich wurde gebeten, im Namen der beteiligten Diözesen ein Grußwort zu sprechen. Es war mein besonderes Anliegen, ein Wort des Dankes zu sagen für diesen neuen Anfang, der allgemein Zustimmung gefunden hatte. Sie schlossen sich zu einer Art Trägerverein zusammen, um eine solche Institution ganz konkret zu unterstützen.

In der Kapelle des Recollectio-Hauses hielt Henri Nouwen, der bekannte geistliche Schriftsteller, eine Predigt. Sie ist, wie Wunibald Müller sagt, zu einem Programm für das Haus geworden. Mir ist ein Wort aus seiner Ansprache in besonderer Weise in Erinnerung geblieben, das etwa so lautete:

Wunden, die wir erfahren müssen, sind wie offene Stellen zu Gott hin.

Ich will es einfach so stehen lassen, ohne es durch nähere und weiterführende Erklärungen wieder zu entwerten. Wenn wir ruhig und still werden und es auf uns wirken lassen, wird es für uns zur wichtigen und heilsamen Orientierung.

So darf ich es schließlich nicht unterlassen, meinen Dank zum Ausdruck zu bringen für alle menschliche und eben auch geistliche Orientierung und Hilfe, die bisher nahezu 500 Priester und Ordensleute fanden; ich verbinde damit auch den Wunsch, daß der Segen Gottes auch weiterhin auf dem Recollectio-Haus ruhen möge.

Teil II

Spiritualität und Therapie
Reflexionen · Erfahrungen · Werkstattberichte

Wunibald Müller

Wenn die Fühler meiner Seele deine Seele berühren

Spiritualität als Seelsorge für Seelsorger und Ordensleute

*E*in erfahrener Priester vertritt die Meinung, er müsse sich bei der Feier der Eucharistie innerlich zurückhalten, dürfe seinen Gefühlen, seiner Sehnsucht nach Gott keinen freien Lauf lassen. Dieser Priester hat zum einen recht. Als Vorsteher der Eucharistiefeier muß er sich zurückhalten, ist er doch für den Ablauf der Feier verantwortlich. Auch ist er für die Gemeinde da, die sich nicht in der Weise zurückhalten muß und soll, wie es von ihm erwartet werden kann. Ich verstehe diesen Priester. Doch die Konsequenz, die sich aus einer solchen Einstellung ergibt, heißt für mich: Für ihn wäre es wichtig, daß er immer wieder an einer Eucharistiefeier teilnähme, der er nicht vorsteht, bei der er, ohne sich zurücknehmen zu müssen, ganz in seine religiösen Gefühle eintauchen kann, ohne dabei wie es Martin Buber einmal formulierte, »in Stunden der Entrückung auf die Uhr« zu sehen, »um sich in dieser Welt zu erhalten«.[1]

Wann aber wird sich dieser Priester die Zeit dafür nehmen? Ich fürchte überhaupt nicht. Die Folge ist, daß jenem Priester eine wichtige Erfahrung vorenthalten wird, mit den entsprechenden Auswirkungen auf sein eigenes spirituelles Leben, aber auch auf seine Fähigkeit, anderen zu spirituellen oder mystischen Erfahrungen zu verhelfen. Denn, wer selbst nicht über solche Erfahrungen verfügt beziehungsweise ihnen nicht immer wieder einen Platz in seinem Leben einräumt, wird nur eingeschränkt in der Lage sein, durch sein Dasein und Tun andere für tiefe spirituelle Erfahrungen zu öffnen.

Immer wieder bei sich selbst einkehren

Spiritualität als Seelsorge für Seelsorger und Ordensleute heißt daher zunächst: Der Seelsorger und die Seelsorgerin müssen immer wieder selbst die Sorge um ihre Seele, ihr Innerstes, ihr eigentliches Selbst, erfahren, wollen sie spirituelle Menschen sein und bleiben und ihrer ureigenen Aufgabe gerecht werden, anderen bei ihrem geistlichen Suchen und der Pflege ihrer Beziehung zu Gott beizustehen.

Das Recollectio-Haus versteht sich als ein Ort der Seelsorge für Seelsorger und Ordensleute, als ein Ort, an dem diese in die Kunst der *Seel-Sorge für sich selbst* eingeführt werden sollen. Der im Recollectio-Haus angebotene Rahmen soll dazu beitragen, daß die Männer und Frauen, die hierher kommen, sich Zeit nehmen und dazu motiviert werden, sich mit sich selbst auseinanderzusetzen und mit sich selbst in Berührung zu kommen. Das mag zunächst sehr egoistisch klingen. Doch es geht hier nicht um die Sorge für das sogenannte Ego und das Ich, das man nach außen hin an den Tag legt, sondern um das wahre Ich – das ›Selbst‹, das im Getriebe des Alltags oft zu kurz kommt.

Für den Seelsorger und die Seelsorgerin, den Ordensmann und die Ordensfrau ist es immer wieder wichtig, bei sich selbst einzukehren, sich selbst zu besuchen, um auf diese Weise zu verhindern, daß er oder sie den Kontakt mit seinem oder ihrem Innersten verliert. Von Karl Valentin stammt der Ausspruch: »Heute besuch' ich mich, hoffentlich bin ich daheim!« Diese Besuche bei uns selbst sind genauso wichtig wie die Besuche bei den Menschen, die unsere Hilfe benötigen. Ansonsten laufen wir Gefahr, daß wir den Bezug zu uns selbst verlieren – uns selbst verlieren. Bernhard von Clairvaux fragt in einem Brief an den damaligen Papst Eugen:

»Wie kannst du ... voll und echt Mensch sein, wenn du dich selbst verloren hast ... Denn was würde es dir sonst nützen, wenn du – nach dem Wort des Herrn (Mt 16, 26) – alle gewinnen, aber als einzigen dich selbst verlieren würdest? Wenn also alle Menschen ein Recht auf dich haben, dann sei auch du selbst ein Mensch, der ein Recht auf sich selbst hat. Warum solltest eigentlich du selbst nichts von dir haben? Wie lange noch bist du ein Geist, der auszieht und nie wieder heimkehrt (Ps 48,39)? Wie lange noch schenkst du allen anderen deine Aufmerksamkeit nur nicht dir selbst? Bist du dir etwa selbst ein Fremder? Bist du nicht jedem fremd, wenn du dir selbst fremd bist? Ja, wer mit sich schlecht umgeht, wie kann der gut sein? ...

Das Fundament des geistlichen Strebens (ist): Sich selbst ganz nüchtern in den Blick nehmen. Die Seele muß vor allem zunächst einmal über sich selbst Bescheid wissen. Es ist sowohl um des Erfolges, als auch um des sinnvollen Vorgehens willen notwendig.«[2]

Das Recollectio-Haus will ein Ort sein, der dazu einlädt – manchmal aber auch dazu zwingt – bei sich selbst einzukehren, sich mit sich selbst auseinanderzusetzen – um der Gäste selbst und der Mitmenschen willen, für die sie da sind, aber auch um Gottes willen, dem sie viel Mühe sparen würden, ihnen seine Huld, Nähe und Liebe zu zeigen, wenn sie sich diese Liebe von Zeit zu Zeit selbst stärker gönnen würden.

Jeder Seelsorger ist zuallererst sein eigener Seelsorger

Jeder Seelsorger sollte zuallererst sein eigener *Seel-Sorger* sein, indem er den Bereich in sich, der für sein Innerstes, seine Seele steht, würdigt. Diesen Bereich in sich zu würdigen, kann bedeuten, innezuhalten und in den eigenen heiligen Raum im eigenen Inneren einzutreten. Sich dafür die Zeit zu nehmen ist, so Bernhard von Clairvaux, Voraussetzung, um zu sich selbst und zu Gott zu kommen: »*Sei Du für Dich selbst der erste und der letzte Gegenstand des Nachdenkens*«, ermahnt er den damaligen Papst Eugen. »*Fange an, daß Du über Dich selbst nachdenkst, damit Du Dich nicht selbst vergessend nach anderem ausstreckst ... Die Seele muß vor allem zunächst einmal über sich selbst Bescheid wissen.*«

Im Bemühen um ihre Seele kommen der Seelsorger und die Ordensfrau der Sorge um sich selbst nach. Sie üben dabei eine priesterliche Funktion aus, indem sie sich darum kümmern, daß das Heilige in ihnen beachtet wird und ihm ein Platz in ihrem Leben eingeräumt wird. »Mach in mir Deinem Geiste Raum, daß ich Dir werd ein guter Baum, und laß mich Wurzel treiben«, schreibt Paul Gerhardt. Der Priester und die Priesterin sind immer auch Kultdiener. Sie vollziehen Zeremonien und Rituale, die der Kultivierung ihrer Seele dienen.

Die Kultivierung des eigenen inneren Bereiches ist Voraussetzung dafür, um dazu beitragen zu können, daß andere ihren inneren Bereich kultivieren. »Um das Haus eines anderen bestellen zu können, muß ich zunächst einmal mein eigenes Haus bestellt haben. Aus der Sorge für mich ... spüre ich, wie wichtig und wohltuend das für mich ist, und daher auch für andere«, sagt Carl Gustav Jung. Die Pflege und Kultivierung der eigenen Seele ist ein geistliches Tun, das sowohl positive Auswirkungen auf den Seelsorger und die Seelsorgerin selbst hat, als auch auf die Menschen, für die sie da sein möchten.

Für manche, die ins Recollectio-Haus kommen, ist es etwas Neues, sich nicht um andere zu sorgen, sondern sich zunächst um sich selbst zu kümmern. Sie sind anderes gewohnt und sie haben anderes gelernt. Die einen können das gut annehmen, sich darauf einlassen, bei anderen sperrt sich alles dagegen, sich um sich selbst zu sorgen, sich selbst gut zu sein. Im letzteren Falle kann es sein, daß hinter dieser Sperre eine tiefliegende Selbst-Verneinung liegt oder auch die Unfähigkeit, sich selbst anzunehmen. Es bedarf dann eines wohlwollenden, geduldigen Hinschauens in der Gruppe, in der psychotherapeutischen Arbeit und der spirituellen Begleitung, um die Ursachen dieser Selbst-Abneigung zu erkennen, bis jemand mit der Zeit immer mehr bereit ist, sich so anzunehmen, wie er ist, einschließlich seiner Möglichkeiten und Defizite.

Auf dem Weg dahin zeigt sich oft, daß der Weg zum Nahen oft der schwerste ist, zugleich aber auch, daß man um tief gehen zu können, nicht weit gehen muß. Schon Jung sagt, daß es zum Allerschwierigsten gehört, sich in seinem ›Sosein‹ anzunehmen, und es uns daher oft näher liegt, uns um die Probleme und die Sünden anderer zu kümmern, anstatt uns mit unseren eigenen Unzulänglichkeiten auseinanderzusetzen.

Manchmal bedarf es zunächst der Erfahrung, von anderen, so wie man ist, angenommen zu werden. Ein Seelsorger, der in der Kleingruppe, nachdem er zunehmend Vertrauen zu den Teilnehmern gewonnen hat, zum ersten Mal wirklich über das sprechen kann, was ihn bedrückt – über sein Leben, seine Probleme, sein Fehlverhalten ... –, mag vielleicht zunächst kaum glauben, daß die anderen nicht über ihn herfallen, ihn mit Vorwürfen bombardieren oder verurteilen. Die Erfahrung, daß ihm andere Menschen ihre Zuneigung und Liebe nicht entziehen, wenn er ihnen von seinen Schwächen erzählt und sie seine Schattenseiten kennenlernen, kann für ihn zu einem geradezu umwerfenden Erlebnis werden. So umwerfend, daß in ihm etwas erschüttert wird und dabei etwas, das starr war, aufweicht. Die Härte und Unbarmherzigkeit, die er normalerweise gegen sich richtet, wird in ein Verständnis für sich selbst umgewandelt, in

Erbarmen sich selbst gegenüber und schließlich in eine vertief-
te Annahme seiner selbst. In einem solchen Augenblick kann
für ihn auch die von Gott zugesagte bedingungslose Annahme
Wirklichkeit werden. Das Wort wird zum Fleisch.

Die eigene Liebenswürdigkeit entdecken

Virginia Satir muß eine großartige Psychologin und Therapeu-
tin gewesen sein. Als ich vor gut zwanzig Jahren in den USA
studierte, hörte ich sehr bald von ihr, und einmal war ich nahe
daran, an einem ihrer Workshops teilzunehmen. Doch irgendwie klappte es nicht. So gründet sich meine Bewunderung für sie
bis heute auf die Bücher, die ich von ihr gelesen habe und einen
Videofilm über sie. Ich erinnere mich noch sehr lebendig an die
Zeit, als ich ihr Buch *Peoplemaking*[3] las. Ich hatte das Buch auf
einen Wochenendausflug mitgenommen, den ich zusammen mit
Studenten im Yosemite-Park in Kalifornien verbrachte. Da ich
meinen Fuß verstaucht hatte, konnte ich nicht mit den anderen
wandern gehen. Ich besann mich auf meine Lektüre und begann
zu lesen. Ich habe seitdem kein Buch gelesen, das mich so direkt
und persönlich ansprach wie Virginia Satirs *Peoplemaking*. Ich
sehe mich noch heute, wie ich dasitze, das Buch zugeklappt neben mir, fassungslos, staunend und betroffen zugleich. Ich hatte
in diesem Buch Virginia Satirs Überlegungen über das Selbstwertgefühl gelesen, und mir fiel es wie Schuppen von den Augen: Was mich im Augenblick bewegte und Anlaß zu viel Not
und Problemen war, wurde auf dem Hintergrund ihrer Darle-
gungen zum Selbstwertgefühl für mich zum ersten Mal verständlich. Seitdem hat mich dieses Thema nicht mehr in Ruhe gelas-
sen, und ich habe die Erfahrung gemacht, daß viele Nöte und
Probleme der Menschen, die meine Hilfe suchen, in einem Zusammenhang mit ihrem Selbstwertgefühl zu sehen sind.

Virginia Satir vergleicht ein gesundes Selbstwertgefühl mit einem vollen ›Pott‹, im Unterschied zu einem geringen Selbstwertgefühl, für das sie das Bild vom leeren Pott gebraucht. Unser Selbstwertgefühl ist dabei ihrer Ansicht nach einem Fundament, einem Angelpunkt oder Eckstein in uns vergleichbar. Von der Beschaffenheit dieses Fundamentes hängt es ab, wie wir durch das Leben gehen, wie wir in Beziehung zu uns selbst, zu anderen, zu Gott treten.

Habe ich ein geringes Selbstwertgefühl, dann erachte ich mich selbst für wertlos und nicht liebenswert. Ich habe dann von mir selbst eine geringe Meinung bis dahin, daß ich mich verachte. Ich vermag nicht wirklich ›ja‹ zu mir zu sagen, mich anzunehmen. Weil ich mich aber für gering und wertlos erachte, getraue ich mich auch nicht, auf meine Mitmenschen zuzugehen, mich ihnen zuzumuten. Ich sterbe z. B. fast vor Sehnsucht nach der Frau, die ich liebe, wage es aber nicht, ihr meine Liebe zu gestehen. Ich schleiche mich an den Menschen vorbei, verdrücke mich in eine Ecke, statt mich vor sie hinzustellen oder in die Mitte zu treten. Ich halte mich, meine Gedanken, meine Wünsche, mein Wissen, meine Talente zurück. Auch Gott gegenüber sehe ich mich nur als den armen Sünder und Versager, der in seinen Augen nichts wert sein kann.

Habe ich ein positives Selbstwertgefühl, vermag ich mich anzunehmen, kann ich ›ja‹ zu mir sagen und empfinde mir selbst gegenüber gute, herzliche, warme Gefühle. Ich traue und vertraue mir. Für den Entwicklungspsychologen Eric Erikson steht das Selbstwertgefühl für Selbstvertrauen. Alfred Adler spricht von der positiven Selbsteinschätzung. Entscheidend ist: Ich habe zu mir selbst, zu meinem Selbst eine gute Beziehung. Das aber ist die Voraussetzung dafür, um auch zu anderen Menschen und schließlich zu Gott in eine gute, tragfähige Beziehung treten zu können. Jetzt muß ich mich nicht verkriechen. Ich gehe

auf die andere Person zu, im Bewußtsein und der inneren Gewißheit, sie – wertvoll und liebenswert wie ich bin – durch
meine Anwesenheit bereichern zu können. Gott gegenüber weiß
ich, daß ich ein fehlerhafter Mensch und ein Sünder bin. Doch
ich darf im Bewußtsein meiner Würde aufrecht vor ihn hintre-
ten. Ich darf zu ihm sagen: »Du, mein Gott, ich bin nicht wür-
dig, daß du eintrittst unter mein Dach«, *weil* ich um meine
Würde und um meinen Wert weiß. Dabei ist mir, bei aller
grundsätzlichen Würde, die mir zukommt, sehr wohl bewußt,
daß es ein unsagbares und unverdientes Privileg bedeutet, wenn
Gott bei mir einkehrt.

Das Thema Selbstwertgefühl spielt bei unserer Arbeit im
Recollectio-Haus eine große Rolle. Zu Beginn jedes Kurses
mache ich die Teilnehmer und Teilnehmerinnen mit Virginia
Satir und ihrem Konzept des Selbstwertgefühles vertraut. Im
kreativen Gestalten und im therapeutischen und spirituellen
Gespräch wird das Thema vertieft. Irenäus von Lyon faßt spirituell zusammen, um was es dabei im Grunde genommen geht,
wenn er sagt: »Die Ehre Gottes ist der lebendige Mensch.« Der
lebendige Mensch ist der Mensch, der das Leben in sich spürt
und der die vielen Weisen, Leben zu verwirklichen, zu nutzen
vermag. Ein Mensch, der Dankbarkeit empfindet ob seines ›Da-
Seins‹, der voller Staunen und Neugierde die Buntheit des Lebens bewundern und betrachten kann, dessen Herz sich aufbäumt angesichts unsäglichen Leides und der sich freuen kann
über den Anblick eines sich zärtlich umarmenden Liebespaa-
res. Es ist der Mensch, der Momente tiefster Ergriffenheit kennt,
der seine Lust am Leben spürt, der Schicksalsschläge, die sein
Leben begleiten, durchleidet und seine Fürsorge für sich und
seine Liebe zu anderen Menschen und zu Gott freien Lauf läßt.
Er kann ›ja‹ sagen zu sich, so wie er ist, mit all seinen Möglichkeiten. Er spürt in sich, daß er wertvoll, liebenswert ist und darf die

Erfahrung machen, auf sich bauen und sich vertrauen zu können. Im Bewußtsein seiner Einzigartigkeit und in der Erfahrung seiner inneren Schönheit kann er mit den Worten von Psalm 139 Gott danken, daß er ihn so wunderbar geschaffen hat.

Mit der eigenen Seele in Berührung sein

Nach Matthew Fox sind die Mystiker Künstler der Seele. »Sie sind Dichter der Seele. Daher fühlt sich jeder, der es heutzutage ernst meint mit der Seelenarbeit ... zu den Mystikern hingezogen.«[4] Die Tatsache, daß der Seelsorger einer Religion oder Kirche angehört ist keine Garantie dafür, daß es sich dabei wirklich um einen beseelten, also einen spirituellen Menschen handelt. Der Seelsorger und die Seelsorgerin, die Ordensfrau und der Ordensmann, die sich nicht um *ihre* Seele kümmern, die nicht erfahren haben, was ihr guttut und was sie braucht, sind in der Regel nicht dafür geeignet, sich um die Seele anderer zu kümmern. Sie sind und wirken oft eher wie die Verwalter einer spirituellen Tankstelle und nicht wie echte Seelen-Führer oder Seelen-Führerinnen. Vor lauter angeblicher Sorge um die Seele, der sie mit den gängigen seelsorglichen oder klösterlichen Aktivitäten gerecht zu werden glauben, laufen sie Gefahr ihre eigene Seele und die Seelen der Menschen, für die sie da sind, zu übersehen.

Wollen aber der Seelsorger und die Ordensfrau den Menschen, die zu ihnen kommen, helfen, mit ihrer Seele in Berührung zu kommen und auf deren Bedürfnisse und Sehnsüchte eingehen, können sie das nur tun, wenn sie selbst mit ihrer Seele in Berührung sind und deren Wünsche kennen. Sie müssen sich auf den Weg gemacht haben, der sie mit ihrer Seele in Berührung bringt, so daß sie in ihrem Leben immer mehr die Führung übernimmt. Das setzt voraus, daß sie selbst Erfahrungen machen dürfen, die sie als beseelend erleben, bei denen ihre Seele genährt wird und dadurch ihre Bereitschaft, sich der Führung ihrer Seele zu überlassen, gefördert wird.

Ziel der Psychotherapie ist es unter anderem auch mit der Seele, dem Tiefsten in uns in Kontakt zu kommen. Es geht darum, die Seele wieder zum Fließen zu bringen, damit sie die Führung in unserem Leben übernehmen kann. So sehen wir es als unsere Aufgabe im Recollectio-Haus, mit dazu beizutragen, daß Menschen wieder mit ihrer Seele, mit ihrem Tiefsten, in Kontakt kommen. Letztlich geht es dabei auch darum, Menschen zu helfen, daß sie auf einer tieferen Ebene erkennen und spüren, was es heißt, ein spiritueller Mensch zu sein, was es bedeutet, in eine tiefe innige Beziehung mit dem Geheimnisvollen, mit Gott zu treten. Jung schreibt über dieses Problem:

> *In einer geradezu tragischen Verblendung sehen manche Theologen nicht ein, daß es sich nicht darum handelt, die Existenz des Lichts zu beweisen, sondern darum, daß es Blinde gibt, die nicht wissen, daß ihre Augen etwas sehen könnten. Man sollte nachgerade einmal merken, daß es nichts nützt, das Licht zu preisen, wenn es niemand sehen kann. Vielmehr wäre es notwendig, den Menschen die Kunst des Sehens beizubringen ... Um dieses innere Schauen möglich zu machen, muß der Weg zum Sehen-Können frei gemacht werden. Wie dies ohne Psychologie, das heißt ohne Berührung der Seele erreicht werden soll, ist mir, offen gestanden, unergründlich.*[5]

Jung definiert Psychologie hier als eine Berührung der Seele. Mit unserer Arbeit im Recollectio-Haus wollen wir dazu beitragen, daß die Menschen wieder mit ihrer Seele in Berührung kommen, denn:

> *... zu wenige haben es erfahren, daß die göttliche Gestalt innerstes Eigentum der eigenen Seele ist. Wenn Christus ihnen nur*

außen begegnet, aber nie aus der eigenen Seele entgegengetreten ... Solange die Religion nur Glaube und äußere Form und die ›religiöse Funktion‹ nicht eine Erfahrung der eigenen Seele ist, ist nichts Gründliches geschehen. Es muß so verstanden werden, daß das ›mysterium magnum‹ nicht nur an sich vorhanden ist, sondern auch vornehmlich in der menschlichen Seele begründet ist.«[6]

»Es ist, als habe meine Seele Fühler ausgestreckt und die Seele des anderen berührt«

Carl Rogers, der Begründer der Gesprächspsychotherapie, machte in besonders dichten Momenten der therapeutischen Begegnung folgende Erfahrung:

»... wenn ich meinem inneren, intuitiven Selbst am nächsten bin, wenn ich gewissermaßen mit dem Unbekannten in mir in Kontakt bin, wenn ich mich vielleicht in einem veränderten Bewußtseinszustand befinde ... ist allein schon meine Anwesenheit für den anderen befreiend und hilfreich ... Es ist, als habe meine Seele Fühler ausgestreckt und die Seele des anderen berührt. Unsere Beziehung transzendiert sich selbst und wird ein Teil von etwas Größerem ...«[7]

Wo machen der Seelsorger und die Seelsorgerin in ihrer seelsorglichen Arbeit, wo machen Ordensleute in der Begegnung unter sich die Erfahrung, daß ihre Seele die Fühler ausstreckt und die Seele der anderen berührt und wo erfahren sie in ihrem eigenen Leben, daß die Seele eines anderen Menschen ihre Seele berührt? *Seelsorge für Seelsorger und Seelsorgerinnen* heißt auf diesem Hintergrund: Seelsorgern und Seelsorgerinnen die Erfahrung zu ermöglichen, daß die Seele eines anderen Menschen *ihre* Seele berührt, *ihr* Innerstes angesprochen wird und dadurch zur Entfaltung kommen kann.

Derselbe Carl Rogers hat einmal gesagt, daß die Menschen, die in die Beratung kommen, nicht in erster Linie an einer *Einsicht* interessiert sind, sondern eine *Erfahrung* machen wollen. In unserer therapeutischen Arbeit, der geistlichen Begleitung und bei der Leibarbeit steht Erfahrung bzw. die Ermöglichung von Erfahrung im Vordergrund. Immer wieder laden wir die Männer und Frauen, die im Recollectio-Haus sind, dazu ein, sich auf diese Ebene einzulassen. Manchen fällt es schwer – bis zum Schluß. Andere lassen sich zunächst zögernd, dann aber gerne darauf ein. Wir bringen viel Geduld auf, um unsere Gäste zu motivieren, sich auf diese Ebene einzulassen. Wir werben dafür und lassen nicht nach, weil wir überzeugt sind, daß es der Weg ist, der zur Vertiefung und schließlich zur Heilung führen kann.

Wer sich auf diesen Weg einläßt, dem wird klar, was ihm vorher gefehlt hat. Er versteht, daß ihn das, was ihm in seiner Gemeinschaft angeboten worden ist, aber auch vieles von dem, was er als Seelsorger anderen angeboten hat, nicht zu nähren vermochte. Denn solange nur der Kopf angesprochen wird, solange mit den spirituellen Worten und Übungen, die er hört oder praktiziert, nicht auch eine Erfahrung einher geht, vermögen sie nicht in ihm zu wirken, etwas in ihm auszulösen. Viele Männer und Frauen, die sich im Recollectio-Haus auf die Ebene der Erfahrung eingelassen haben, lassen später diese neu gefundene Dimension in ihrer Arbeit mehr zu, zum Beispiel in der Weise, wie sie predigen oder in der Offenheit, mit der sie in Begegnungen und Gespräche mit anderen Menschen gehen. Das gilt auch für ihr Beten und das Feiern der Eucharistie – immer wenn sie bewußt in Kontakt mit Gott treten. Sie sind offener dafür, daß Gott ihre Seele berührt, daß er sie wirklich im tiefsten anrührt. Sie dürfen die Erfahrung machen, daß das Sehnen ihrer Seele nach Ihm gestillt wird, daß Er ihnen die Nahrung gibt und ist, die sie solange entbehrt haben.

Mit dem Herzen in Berührung sein

»Finde ich mein Herz, dann finde ich auch den Mut, ich selbst zu sein, denn mein Herz ist mein wirkliches Selbst. Und dieses wahre Selbst ist sowohl einzigartig als auch allumfassend. Und so – finde ich mein Herz – finde ich auch den Mut, mich preiszugeben, denn das Herz ist der Punkt der Begegnung mit dem Selbst, mit anderen, mit Gott. Gott sieht das Herz, und nur mit den Augen des Herzens sehe ich Gott. Finde ich aber mein Herz, den Schwerpunkt meines Gleichgewichtes, dann finde ich auch den Mut zu gehen, zu wandeln.«[8]

Für Seelsorger ist es besonders wichtig, mit ihrem Herzen in Berührung zu sein. Für sie ist es wichtig, daß ihr Herz offen ist. Von ihm kommt die Kraft, die ihr Tun durchwirkt. Und in ihrem Tun, in dem, was sie ausstrahlen, zeigt sich ihr Herz.

Seelsorge für Seelsorger und Ordensleute in Bezug auf diesen Aspekt bedeutet für uns im Recollectio-Haus, ihnen Mut zu machen, ihrem Herzen in ihrem persönlichen Leben und in ihrer Arbeit den Platz einzuräumen, der ihm gebührt. Es zu befreien aus den Verengungen und Verstrickungen, die es blockieren, lähmen, es immer schwächer werden lassen. Seelsorge für sie kann auch heißen, dazu beizutragen, daß sie dem Herzen die Aufmerksamkeit, die Sorge und liebevolle Zuwendung schenken, nach der es sich sehnt. Spürt ihr Herz diese Sorge und liebevolle Zuwendung, dann spürt es sich selbst und meldet sich. Es verläßt das Verließ, in das es eingesperrt war, und übernimmt die ihm zukommende Führungsaufgabe bei der Gestaltung des Lebens der Arbeit der Seelsorger und Ordensleute.

Dazu beizutragen, daß das Herz der Seelsorger und Ordensleute nicht zu kurz kommt, es in dem ihm gemäßen Rhythmus schlagen darf, ist eine wichtige und notwendige Aufgabe der Seelsorge für Seelsorger und Ordensleute. Zu oft sehen sie sich einer Situation ausgesetzt, die es ihnen unmöglich erscheinen läßt, dem Rhythmus ihres Herzens zu folgen. Sie überfordern ihr Herz, mit dem Ergebnis, daß ihre Arbeit immer weniger eine Herzensangelegenheit ist. Nur wenn ihr Herz schlägt, wenn sie seinem Rhythmus und seiner Stimme folgen, werden sie Freude und Zufriedenheit erfahren, wird ihnen die »anmutige Ausgelassenheit des Tänzers« geschenkt, die nach David Steindl-Rast aus dem Herzen stammt:

>*In diesem großartigen Tanz sind Gebende und Empfangende eins. Ganz plötzlich können wir erkennen, wie unwesentlich es ist, welche der beiden Rollen man in einem gegebenen Moment zu spielen hat. Jenseits aller Zeit ruht unser wahres Selbst in vollkommener Stille in sich selbst. Verwirklicht wird dies in der Zeit durch ein anmutiges Geben – und – Nehmen im Tanz des Lebens.«[9]*

Offenheit für das Geheimnisvolle und Unbewußte

»Die Gelassenheit zu den Dingen und die Offenheit für das Geheimnis geben uns den Ausblick auf eine neue Bodenständigkeit ... Allein – die Gelassenheit zu den Dingen und die Offenheit für das Geheimnis fallen uns immer von selber zu. Sie sind nichts Zu-fälliges – beide gedeihen nur auf einem unablässigen herzhaften Denken.«[10]

Seelsorger und Ordensleute wollen dafür Sorge tragen, daß die Dimension des Geheimnisvollen in unserer Welt und in unserer Wirklichkeit nicht ausgeblendet wird. Deshalb ist es für sie existentiell, selbst für das Geheimnis offenzubleiben. Das aber setzt voraus, daß sie mit ihrem ›Wurzelgrund‹, mit ihrer Tiefe in Berührung sind. *Seelsorge für Seelsorger und Ordensleute* kann daher auch heißen, diese Offenheit für das Geheimnisvolle in ihnen zu wecken und in der Seelenarbeit mit ihnen den Kontakt mit dem Geheimnisvollen und Unbewußten in ihnen wieder herzustellen.

Nach der Vorstellung des jüdischen Schriftstellers Friedrich Weinreb tauchen wir im Schlaf in den ›göttlichen Wurzelgrund‹ ein. Für Seelsorger und Seelsorgerinnen kann es daher wichtig sein, sich mit ihren Träumen auseinanderzusetzen. Die Offenheit und Wachheit für das Unbewußte, über das auch die Ewigkeit in ihr Leben einwirken kann, wird ihnen helfen, auch für die Tiefendimension der Menschen, für die sie da sind, sensibel zu werden und diese in der Begegnung mit einzubeziehen.

Bei unserer Arbeit im Recollectio-Haus laden wir unsere Gäste immer wieder ein, für ihre Träume offen zu sein und in der Beratung von ihnen zu erzählen. Zu Beginn eines jeden Kurses teile ich einen Text aus, mit dem ich ein Beispiel geben möchte, wie man sich an Träume erinnern kann. Ich mache durchweg die Erfahrung, daß selbst Menschen, die sagen, sich bisher nie an ihre Träume erinnert zu haben oder überhaupt nicht zu träumen, nach kurzer Zeit an ihre Träume erinnern. Sie erleben das und die Auseinandersetzung mit ihren Träumen als eine Bereicherung und Vertiefung ihres Lebens.

Auch sonst laden wir unsere Gäste ein, mit dem Geheimnisvollen in sich selbst noch mehr in Berührung zu kommen, sich vom Heiligen berühren zu lassen. So empfehlen wir jedem sich täglich am frühen Abend eine feste Zeit zu nehmen, in der sie oder er versucht, in Beziehung zu Gott zu treten oder sich für das Geheimnisvolle zu öffnen. Für den einen mag das darin bestehen, an der Vesper in der Abteikirche teilzunehmen, um sich von den gesungenen Psalmen berühren zu lassen und über sie in Kontakt mit Gott zu treten. Ein anderer mag in dieser Zeit in die Natur gehen, um in der intensiven wachen Begegnung mit der Natur jene Seite in sich zu spüren und erklingen zu lassen, die sich bemerkbar macht, wenn er offen ist für das, was über ihn hinausgeht, was er spürt, wenn er den Blick in den Himmel richtet, dem Plätschern des Bächleins oder dem Singen der Vögel lauscht. Eine andere mag sich in dieser Zeit in die Kapelle setzen, um sich vor dem Allerheiligsten Gott selbst hinzuhalten oder in einer persönlichen Meditation und Versenkung mit ihrem Innersten in Berührung zu kommen.

Liebesfähig sein

Im kirchlichen und christlichen Kontext gehen wir manchmal fast inflationär mit Worten wie ›Liebe‹, ›Gottes Menschenfreundlichkeit‹, ›Versöhnung‹ usw. um. Gerade deswegen ist es besonders erschreckend und traurig, welche Lieblosigkeit, Oberflächlichkeit, Unverbindlichkeit manchmal im kirchlichen und seelsorglichen Kontext an den Tag gelegt werden.

Was aber geschieht, wenn die Liebe erlischt, wenn es in den seelsorglichen Begegnungen bei oberflächlichen Begegnungen bleibt?

Die Fähigkeit zu lieben wird uns nicht einfach in den Schoß gelegt. Wir erwerben sie – gleich, ob wir zölibatär oder in einer Beziehung leben – wenn wir uns bestimmten Entwicklungsschritten stellen, d. h. wenn wir erkennen, wer wir sind und was wir wollen und wir dadurch immer besser lernen, uns in andere Menschen einzufühlen, sie wahrhaft lieben zu können. Wer niemals Liebe erlebt hat, wer, so Sandra Schneiders, nie mit echten, wahren, menschlichen, lebendigen Gefühlen einen realen, konkreten, einzigartigen Menschen geliebt hat und von ihm geliebt worden ist, der kann zwar endlos über die Schönheit und Freude göttlicher Liebe predigen. Er wird jedoch niemanden, der Agonie und Ekstase der Liebe in der Realität erfahren hat, überzeugen können. Aus manchen Predigten meint man manchmal einen Schrei nach Liebe herauszuhören, gerade weil diese Liebe bei den Betroffenen nicht selbst erfahren wurde – im Gegensatz zu Menschen, die die leisen Töne bevorzugen, wenn sie von Liebe sprechen, weil sie schon erfahren durften, was es heißt, zu lieben und geliebt zu werden.

Der Renaissance-Philosoph Filcino schrieb: »Der einzige Hüter des Lebens ist die Liebe, aber um geliebt zu werden, muß man lieben.« Wie viele Männer und Frauen, die nicht müde werden, von Gottes Liebe zu künden, hungern nach Liebe? Wie viele Männer und Frauen in religiösen Gemeinschaften oder in kirchlichen Berufen sterben innerlich aus Mangel an Liebe? Wie viele Seelsorger und Seelsorgerinnen reiben sich auf, weil sie ihre unerfüllte Sehnsucht nach Liebe anders nicht aushalten könnten? Wie viele Männer und Frauen – auch im kirchlichen Dienst und in der Seelsorge – verfallen ihrem Streben nach Macht als Ersatz für Liebe? Um geliebt zu werden, muß man lieben.

Die Männer und Frauen, die ins Recollectio-Haus kommen, leben ein Vierteljahr auf engem Raum miteinander. Sie beten miteinander, essen miteinander, treffen sich in den therapeutischen Gruppen und bei der Leibarbeit. Sie unternehmen Ausflüge miteinander, sie arbeiten miteinander. Vor allem aber wissen die Menschen, die im Recollectio-Haus sind, sehr bald sehr viel übereinander und voneinander. Es gehört mit zu den schönsten Erfahrungen im Recollectio-Haus, wie sich die Männer und Frauen mit der Zeit zu einer Gemeinschaft entwickeln, in der die einzelnen immer mehr zueinander finden, Zuneigung füreinander zulassen und liebesfähiger werden. Für nicht wenige Ordensleute ist es das erste Mal, daß sie sich wirklich in einer Gemeinschaft wohl fühlen, daß für sie das, worüber sie in ihren Gemeinschaften oft so viele Worte gehört haben, plötzlich Wirklichkeit wird. Mancher Priester, der gewohnt ist, allein im Pfarrhaus zu leben, macht die Erfahrung, wie wichtig es ist, in einem Netz von Beziehungen eingebunden zu sein und nähere, tiefere Beziehungen zu anderen Menschen zu unterhalten, Menschen zu kennen, in deren Anwesenheit er einfach er selbst sein darf. Für wieder andere ist es eine Herausforderung, in einer Gemeinschaft zu leben, sich den anderen zu stellen, für sie da zu sein. Zugleich stellt diese Situation für sie eine große Chance dar, in ihrer Beziehungsfähigkeit ›nachzureifen‹, auch, weil sie erkennen, daß das eine oder andere ihrer bisherigen Probleme, etwa die Erfahrung von Einsamkeit zum Beispiel, auch auf ihre Unfähigkeit, sich auf tiefere Beziehungen mit anderen Menschen einlassen zu können, zurückzuführen ist.

Sigmund Freud hat einmal in einem Brief an einen Kollegen geschrieben, daß es die Liebe ist, die im therapeutischen Prozeß zur Heilung beiträgt. Das mag sehr idealistisch klingen. Dennoch möchte auch ich auf dem Hintergrund meiner Erfahrungen im Recollectio-Haus sagen, daß ein wesentliches Element, das zur Heilung, das zum inneren Wachsen der Männer und Frauen, die ins Recollectio-Haus gekommen sind, beiträgt, die Erfahrung von Liebe ist. – Die Liebe, die die Teilnehmer und Teilnehmerinnen eines Kurses sich zunehmend selbst schenken, der Respekt, die Annahme und die Liebe, die wir als Begleiter und Begleiterinnen unseren Gästen gegenüber immer wieder zum Ausdruck bringen und schließlich die Liebe Gottes, die in alledem und darüber hinaus anwesend ist.

Uns ist klar, daß auch andere Erfahrungen, andere Gefühle und andere Einstellungen in einer Gemeinschaft vorkommen und zum Ausdruck gebracht werden müssen und sollen. Gerade wenn auch Konflikte zugelassen und angeschaut werden, wenn auch Gefühle von Abneigung, Enttäuschung und Ärger zugelassen werden, kann sich eine Liebe entfalten und gelebt werden, die echt ist, die trägt und nährt.

Selbst sehen und erfahren, was ich predige

In der *Seelsorge für Seelsorger und Ordensleute* soll stattfinden, das versuchen wir im Recollectio-Haus jedenfalls immer wieder zu erreichen, was in der Seelsorge und im Ordensleben hoffentlich immer wieder geschieht: eine Konzentration auf das, was uns unbedingt angeht, wie es Paul Tillich einmal formulierte, den ›ultimate concern‹. Dazu ist es aber wichtig, daß ich das Innere des Menschen, seine Seele, sein Aller-Heiligstes – mit Hilfe der Spiritualität oder der Psychotherapie – anzusprechen vermag. So hat die Seelsorge für den Seelsorger, den Ordensmann und die Ordensfrau den Anspruch, ihre Seele zu berühren, da sie nur dann fähig werden, selbst zu erfahren, was sie predigen und glauben anderen als Ideal vorleben zu müssen.

Ziel der spirituell-therapeutischen Begleitung im Recollectio-Haus wird es daher immer wieder sein, mit dazu beizutragen, daß die »Eigenständigkeit der Seele« des einzelnen »erwacht« wie es C. G. Jung einmal nannte – »daß Gott die Führung übernimmt«, wie es, ebenfalls nach Jung, der religiöse Mensch ausdrücken würde: Darin werden unsere Möglichkeiten im Recollectio-Haus, aber auch unsere Grenzen aufgezeigt, die zugleich auf die ungeahnten Möglichkeiten Gottes mit uns hinweisen.

Anselm Grün

Die eigene Lebendigkeit entdecken
Geistliche Begleitung im Recollectio-Haus

Ich will im Folgenden keine Systematik geistlicher Begleitung entfalten, sondern auf einige Aspekte spiritueller Begleitung eingehen, die mir wichtig sind und die die Erfahrungen im Recollectio-Haus widerspiegeln.

Die Beziehung zur therapeutischen Begleitung

Die geistliche Begleitung hat im Recollectio-Haus den gleichen Stellenwert wie die therapeutische Begleitung. Jede Woche hat der Gast je ein Gespräch bei seinem geistlichen und bei seinem therapeutischen Begleiter. In der wöchentlichen Teamsitzung besprechen die Therapeuten gemeinsam mit den spirituellen Begleitern die Situation der einzelnen Gäste. Dabei wird sichtbar, daß die Gäste in der Therapie und in der geistlichen Begleitung oft die gleichen Themen ansprechen. Die einzelnen bringen ihre Verletzungen aus der Kindheit mit, die traumatischen Erfahrungen ihrer Lebensgeschichte oder ihre momentanen Probleme, die ihnen ›zu schaffen‹ machen und sie ins Recollectio-Haus geführt haben. Der Austausch in der Teamsitzung ist wichtig, daß wir nicht kontraproduktiv arbeiten, sondern Hand in Hand. Wir besprechen, wo die einzelnen Begleiter jeweils den Akzent setzen sollten, was der einzelne beim Gast beobachtet und was er erkannt hat. Und dann überlegen wir gemeinsam, was dem einzelnen guttäte, wo wir therapeutisch ansetzen und wo wir die spirituelle Dimension betonen sollten.

Es gibt Gäste, die vor allem geistliche Begleitung möchten. Sie möchten ihre Spiritualität vertiefen. Die Therapie nehmen sie zwar wahr, aber eigentlich möchten sie auf der spirituellen Ebene bleiben. Doch gerade ihnen tut die therapeutische Begleitung gut. Denn es besteht die Gefahr, daß sie ihre Verletzungen spirituell überspringen, daß sie zu schnell Zuflucht zu geistlichen Lösungen nehmen. Andere Gäste legen den Akzent auf die therapeutische Begleitung. Sie möchten ihre Wunden aufarbeiten. Bei ihnen ist es wichtig, nach der geistlichen Dimension ihres Lebens zu fragen. Was hat ihre Lebensgeschichte oder ihre momentane Situation mit ihrer Beziehung zu Gott zu tun? Wie leben sie konkret? Haben sie eine gesunde geistliche Lebenskultur oder sind sie in die Schwierigkeiten geraten, weil sie ihr spirituelles Fundament verloren haben? Sind sie nur noch religiöse Funktionäre, die in einen inneren Zwiespalt geraten sind, weil sie ihre spirituelle Spur verloren haben?

Was in der Therapie angeschaut wird, das muß auch in der geistlichen Begleitung ernst genommen werden. Der spirituelle Umgang mit den neurotischen Mustern, mit den Verletzungen und Defiziten sieht zwar anders aus. Aber auf keinen Fall dürfen die Gäste ihre Wunden und Verdrängungen verharmlosen und meinen, sie bräuchten nur mehr zu beten, dann würde sich schon wieder alles ordnen. Wenn einer so denkt, dann hat die geistliche Begleitung die Aufgabe, ihn die Demut, die humilitas, zu lehren. Die Demut besteht darin, den Mut aufzubringen in die Tiefe der eigenen Menschlichkeit hinabzusteigen und alles, was in der menschlichen Seele auftaucht, auch anzuschauen, die Sehnsüchte, die Bedürfnisse, die Aggressionen, die Sexualität und die unter der Oberfläche liegende Trauer und Verzweiflung. Nur wenn wir alles, was in uns ist, wirklich wahrnehmen, können wir es im Gebet Gott hinhalten. Und nur dann wird der geistliche Weg ein Fundament haben, auf dem er ansetzen kann. Manche Menschen hängen mit ihren spirituellen Methoden in der Luft, weil sie ihre eigene Lebensgeschichte nicht ernst nehmen.

Das Leben führt zu Gott

Nicht die Probleme, die behandelt werden, sondern die Art und Weise, wie wir mit dem ›Material‹ unserer Lebensgeschichte umgehen, entscheidet über die geistliche Begleitung. Der Grundsatz der geistlichen Begleitung besteht darin, daß wir alles, was der andere uns anbietet, als Weg zu Gott verstehen.

Da leidet jemand unter Schlaflosigkeit. Dann frage ich als geistlicher Begleiter natürlich nach den Umständen, nach dem medizinischen Befund, nach den psychischen Ursachen, nach der Art und Weise, wie er mit dieser Schlaflosigkeit umgeht. Da zeigt sich dann zum Beispiel, daß die Ursache ein Grübelzwang ist. Der Mann möchte alles kontrollieren, alles ›im Griff‹ haben. Er hat Angst loszulassen. Sein Kontrollzwang kommt aus seiner familiären Situation. Als zweiter Sohn zwischen zwei Brüdern steht er ständig unter Druck, sich beweisen zu müssen, ja keinen Fehler machen zu dürfen. Und seine überstrenge Erziehung führt dazu, daß er ängstlich auf seine Sünden starrt. Er grübelt nach, ob er auch alles richtig macht. Aber gerade so gerät er immer tiefer in eine Überforderung hinein, die ihn ungerecht werden läßt gegenüber seinen Mitarbeitern.

In der geistlichen Begleitung geht es nun nicht darum, die Schlaflosigkeit unbedingt loszuwerden, also verhaltenstherapeutisch zu bearbeiten oder Entspannungstechniken zu lernen, damit er endlich wieder schlafen kann. Die Frage ist vielmehr, was die Schlaflosigkeit für einen Sinn hat. Der Mann kann durchaus einschlafen. Aber er wacht schon nach drei Stunden wieder auf. Dann liegt er grübelnd im Bett. Statt gegen seine

Schlaflosigkeit zu kämpfen, könnte er in ihr einen Anruf Gottes sehen und darauf wie Samuel antworten: »Rede Herr, dein Diener hört.« Vielleicht kam er tagsüber nicht dazu, über den Sinn seines Lebens nachzudenken. Vielleicht lebt er an sich vorbei. Und in der Nacht möchte Gott zu ihm sprechen und ihn auf seine Wahrheit hinweisen. Ein anderer Weg wäre, die Schlaflosigkeit zu nutzen, die Hände über der Brust zu kreuzen und sich betend in Gottes Arme fallen zu lassen. Dann ist es nicht mehr wichtig, ob er schlafen kann oder nicht. Er kann dann gerade die wachen Stunden zu tiefen spirituellen Erfahrungen nutzen. Wenn er sich die Schlaflosigkeit erlaubt und sie als Chance des geistlichen Wachsens sieht, wird er sie oft schneller los, als wenn er sie frontal bekämpft.

Viele Priester und Ordensleute benutzen Gott dazu, ihnen dabei zu helfen, ihre Probleme zu lösen. Sie bitten Gott, sie von ihrer Schlaflosigkeit zu befreien. Doch dann geht es ihnen nicht um Gott, sondern um ihren Schlaf und ihre Gesundheit. Sie ziehen Gott zu sich hinunter. Geistlich ist das nicht. Wir sollen Gott nicht für uns benutzen, sondern das, was uns das Leben anbietet, als Weg zu Gott verstehen.

Da ist ein Priester, der immer wieder unter depressiven Verstimmungen leidet. Er ist enttäuscht, daß Gott ihn trotz seiner vielen Gebete nicht davon befreit. Er meint, er müsse als Priester doch die Frohe Botschaft verkünden. Aber er fühlt sich abgeschnitten von seinen Gefühlen. Alles ist grau. In seinen Depressionen kommt ihm Gott abhanden. Natürlich ist es auch da sinnvoll, nach den psychischen Ursachen zu fragen. Als Kind mußte er seine Gefühle unterdrücken, weil er ständig von seiner überstrengen Mutter zu hören bekam, daß Gefühle zur Sünde führen würden. Die depressiven Verstimmungen erinnern ihn immer wieder an dieses allzu strenge Gottesbild. Sie sind Anlaß, sich von diesem krank machenden Gottesbild zu befreien. Die Depressionen zeigen ihm, daß er nicht einfach funktionieren kann, wenn er die Zähne zusammenbeißt und sich nur vom Willen leiten läßt. Er muß auch seine Gefühle berücksichtigen, um gesund zu leben. Und nur wenn er mit seinen Gefühlen in Berührung kommt, wird er auch mit Gott wieder in Kontakt kommen.

Viele Priester und Ordensleute klagen in der geistlichen Begleitung, daß sie Gott nicht spüren. Sie beten und meditieren, aber Gott bleibt ihnen fern. Diese Erfahrung der Gefühllosigkeit könnte für sie ein wichtiger Ansporn werden, in die eigene Seele zu blicken.

Ich versuche diesen Menschen nie eine geeignetere Meditationsmethode beizubringen, sondern ich frage immer: »Spüren Sie sich denn selber? Sind Sie in Berührung mit sich selbst, mit allen Aspekten ihres Leibes und ihrer Seele?« Denn ich bin überzeugt: Wer sich selbst nicht spürt, der kann auch Gott nicht spüren. Oft haben Menschen ihre unangenehmen Seiten verdrängt. Sie wollen sie weder vor sich selbst noch vor Gott zulassen. Aber all das Verdrängte fehlt ihnen an der eigenen Lebendigkeit. Und es fehlt ihnen an ihrer Beziehung zu Gott. Was sie aus der Beziehung zu Gott ausklammern, hindert sie, Gott mit ihrer ganzen Seele wahrzunehmen. Daher zwingt sie die Not ihres Betens, daß sie sich der eigenen Seele zuwenden und sich fragen, was sie alles vor ihrem inneren Richter verborgen haben.

Häufig taucht das Thema der Depression in der geistlichen Begleitung auf. Wenn der geistliche Begleiter weiß, daß der Gast auch mit dem Therapeuten über seine depressiven Stimmungen spricht, dann kann er darauf verzichten, die Ursache der Krankheit zu erforschen. Seine Aufgabe ist es, den Gast dazu anzuleiten, sich mit ihr auszusöhnen. Wenn ich mich mit meiner depressiven Veranlagung aussöhne, dann kann sie zu einem wichtigen Wegbegleiter zu Gott werden. In der Depression spüre ich meine Ohnmacht, mein Leben selbst ›in den Griff‹ zu bekommen. Ich bin den Depressionen ausgeliefert. Sie werden immer wieder kommen. Sie kränken mein narzißtisches Selbstbild. Aber gerade so befreien sie mich von der Illusion, ich könnte mein Leben selbst in die Hand nehmen und alles tun, was ich wollte. Die Depression könnte zu einer Einladung werden, mich in meiner Ohnmacht Gott hinzuhalten und mich in Gott hinein zu ergeben. Vielleicht erfahre ich dann eine neue Tiefe meiner Seele. Ich spüre, welche Abgründe das Menschsein hat und welche Dunkelheiten auch in Gott sind. Ich erlebe mich und Gott auf andere Weise. Auch die Depression hat einen Sinn. Sie kann mich zu Gott führen.

Die wichtigste Methode der geistlichen Begleitung besteht für mich darin, den Sinn all dessen zu erkennen, was den Menschen, die ich begleite, ›zu schaffen‹ macht, und gerade darin einen Weg zu Gott zu sehen. Wenn ich als Begleiteter das erkenne, verzichte ich darauf, frontal gegen meine Angst oder meine Depressionen, meine Schlaflosigkeit, Empfindlichkeit, Eifersucht oder meine Sexualität anzugehen. Denn je mehr er frontal gegen eine Haltung kämpft, desto stärker wird die Gegenkraft, die diese Haltung in ihm entwickelt. Ich muß mich mit dem aussöhnen, was in mir ist. Und ich muß die Chance entdecken, die darin liegt. All diese Haltungen, an denen ich leide, rauben mir die Illusionen, die ich mir über mich gemacht habe. Sie zerbrechen das Ego, um mich aufzubrechen für den ganz anderen Gott und für das ganz andere Selbstbild, das meinem wahren Wesen entspricht, das frei ist von den grandiosen narzißtischen Bildern, die ich mir von mir zurecht gemacht habe.

Die Spur der eigenen Lebendigkeit entdecken

Ich erlebe Priester und Ordensleute, die geistliches Leben vor allem als Erfüllung religiöser Pflichten sehen. Wenn sie jeden Tag ihr Brevier beten, wenn sie täglich meditieren und den Rosenkranz beten, dann – so glauben sie – leben sie gottgemäß. All diese religiösen Rituale haben natürlich ihren Wert. Sie helfen mir, daß ich menschlich und spirituell nicht ›verschlampe‹. Sie öffnen mein Leben auch im Alltag für Gott. Aber wenn ich zu sehr auf die religiösen Leistungen fixiert bin, dann werden sie mich nicht zu Gott führen, sondern nur zu mir selbst. Ich erfülle die spirituellen Pflichten nicht, um Gott zu finden, sondern um vor mir und vor den anderen und letztlich auch vor Gott gut dazustehen. Es geht mir also um mich selbst und nicht um Gott. Für viele ist das ein Weg, sich gegenüber Gott abzusichern. Sie suchen ihre Sicherheit und ihren Wert, aber nicht Gott. Das führt dann oft dazu, daß sie auf ihrem geistlichen Weg nicht lebendiger werden, sondern erstarren. Das spürt man, wenn man ihren Rücken anfühlt. Er ist wie ein Brett geworden. Sie haben ihren Rücken als Müllhalde für alle ihre verdrängten Gefühle und Bedürfnisse benutzt. Sie sind mit ihren religiösen Pflichten dem Leben ausgewichen. Sie haben sich eine spirituelle Ideologie zurechtgemacht, um dem Leben auszuweichen, vor dem sie Angst haben.

Für uns geistliche Begleiter besteht das Ziel des geistlichen Lebens darin, die eigene Lebendigkeit zu entdecken. Rituale können mich lebendiger machen, wenn ich sie aus innerer Freiheit heraus vollziehe. Sie können in mir die Lust am Leben wecken, wenn ich sie bewußt vollziehe, weil mein Leben es wert ist, durch Rituale gefeiert zu werden. Aber wenn es mir mehr um die Erfüllung als um das Leben geht, dann werden mich die Rituale erstarren lassen.

Ich frage bei der geistlichen Begleitung immer nach den Situationen, in denen der Priester oder die Ordensfrau aufblüht, in denen sie sich lebendig fühlt, in denen sie sich vergessen kann: Wonach sehnt sich der Priester oder die Ordensfrau? Wo wird das Herz weit? Wo beginnt das Leben in ihr oder in ihm zu pulsieren? Wo fühlen sie sich ganz eins, wo gehen sie auf und wo können sie sich einlassen, ohne sich zu fragen, was es ›bringt‹? Für den einen ist das die Musik. Er kann in ein Konzert gehen und sich einfach der Musik überlassen. Dann geht für ihn der Himmel auf und das Herz wird lebendig. Der andere spürt das Leben, wenn er zu malen beginnt. Beim Malen kommen Bereiche seiner Seele zum Schwingen, die er im Alltag übersieht. Eine Ordensfrau fühlt sich eins mit sich, wenn sie durch die Natur geht, wenn sie ganz in ihren Sinnen ist, wenn sie mit ihrer Haut die Wärme der Sonne spürt oder den sie streichelnden Wind, wenn sie ganz Ohr ist und auf das Rauschen des Windes oder das Zwitschern der Vögel lauscht, wenn sie den Duft der Wälder oder der Felder einatmet und das Herz dabei weit wird.

Ich sage den Gästen, daß sie in diesen Momenten Gott erfahren können, daß dies die Orte ihrer geistlichen Erfahrung wären. Das überrascht sie oft. Daraufhin lade ich sie ein, sich die Zeit zu gönnen, wieder einmal bewußt Musik zu hören, zu malen oder durch die Natur zu gehen und ganz in der Wahrnehmung aufzugehen, ganz Ohr, ganz Auge, ganz Hände, Füße und Nase zu ›sein‹. Das sind dann wichtigere geistliche Erfahrungen, als wenn sie streng meditieren. Doch auch die Meditation kann für einen zum Ort der Lebendigkeit werden. Eine Ordensfrau, die sich ständig überfordert fühlte, stellte sich vor, wie sie in der Meditation von Gottes liebender Gegenwart eingehüllt war. Es war das Bild der Höhle, des göttlichen Mutterschoßes, in dem sie sich geborgen fühlte. Sie stellte sich vor,

daß sie dort nichts leisten müsse. Dort will keiner etwas von
ihr, niemand stellt eine Forderung. Dort kam sie mit der inneren Quelle in Berührung. Da wurde sie wieder lebendig.

Ein weiterer Weg, die eigene Lebendigkeit zu entdecken,
ist der Rückblick auf die Kindheit. So stelle ich oft die Frage:
»Wo konntest Du Dich als Kind vergessen? Wo warst Du ganz
eins mit Dir? Was hast Du am liebsten gespielt? An welche Orte
hast Du Dich gerne zurückgezogen, um ganz allein mit Dir zu
sein?« Indem der einzelne seine Kindheit nach solchen Erleb-
nissen befragt, kommt er in Berührung mit seiner eigenen Lebendigkeit. Dort hat er oder sie als Kind instinktiv gespürt, was
ihm guttut. Und jeder hat andere Vorlieben entwickelt, als Kind
Leben zu spüren. Dieser Weg war damals noch nicht von anderen beeinflußt. Es war das spontane Spüren aus dem eigenen
Herzen. Wenn wir mit diesen Erfahrungen wieder in Berührung kommen, können wir uns fragen: Wie kann ich das heute
in meinen Alltag übersetzen? Was täte mir heute gut? Wo würde ich heute aufblühen? Wenn ich als Kind am liebsten in der
Natur war, kann ich mich fragen, was mich da so fasziniert hat.
War es die Geborgenheit, die die Natur schenkt, der mütterliche Aspekt Gottes, der in der Natur zum Ausdruck kommt?
Oder war es die Vielfalt des Lebens, das Blühende, das Schöne,
das Lebendige? Wo komme ich heute in Berührung mit dem
Bergenden, mit dem Lebendigen, mit dem Schönen?

Die heilende Kraft biblischer Texte

Meistens gebe ich dem Gast nach dem Gespräch einen biblischen Text zum Meditieren. Ich versuche, die Texte auf dem
Hintergrund des Gespräches auszusuchen. Was täte dem Gast
gut? Wo kommt sein Thema vor? Welcher Text könnte ihn weiterführen, welcher ihn herausfordern? Dann soll der Gast mit dem

Text umgehen und ihn meditieren. Er soll anschauen, was der Text mit ihm macht, was er in ihm auslöst und worauf er ihn stößt. Über die Erfahrungen mit dem Text kann er dann das nächste Mal berichten. Es geht nicht darum, den Text theologisch oder tiefenpsychologisch gut auszulegen, sondern *Erfahrungen* mit ihm zu machen. Ich habe oft erlebt, daß der Text eine heilende Wirkung auf den Gast ausübt, daß er Bereiche in seiner Seele anspricht, die ich im direkten Gespräch nur schwer erreichen kann.

Heute hat man die heilende Funktion von Texten wieder neu entdeckt. Man spricht seit 80 Jahren von Bibliotherapie. Franz Kafka hat einmal die therapeutische Wirkung eines Buches so ausgedrückt: »Ein Buch ist die Axt für das gefrorene Meer in uns.«[1] Der biblische Text kann uns mit Gefühlen in Berührung bringen, die wir verdrängt haben, die wir nicht mehr spüren, weil sie unter der Eisdecke der inneren Erstarrung liegen. Da brauchen wir einen Text, der Löcher in die Eisdecke stößt, damit die Gefühle wieder auftauen und auftauchen.

Schon im alten Ägypten kannte man die Heilkraft der Bücher. Die Pharaonen schrieben über den Eingang ihrer Bibliothek: »Psyches Iatreion, Heilstätte der Seele.«[2] In vielen Klosterbibliotheken finden wir diese Inschrift wieder, so etwa in St. Gallen. In unserer Zeit war es Benjamin Rush, der 1802 in den USA damit begann, die Hospitäler durch Bibliotheken zu reformieren und in ihnen eine Art Bibliotherapie zu etablieren. Für ihn war das Lesen von Texten ein wichtiges Hilfsmittel der Psychotherapie. »In der Bibel sah er die Apotheke, die für jeden seelisch Kranken eine wichtige Arznei enthält.«[3] Ein guter Therapeut, so meint Rush, wählt den richtigen Text für den Patienten aus und bespricht dann mit ihm die Erfahrungen, die er damit macht. Das Lesen kann die Selbstheilungskräfte im Menschen fördern und steckengebliebene Reifungsprozesse wieder in Gang bringen. Vor allem die Logotherapie Viktor Frankls setzt Bücher therapeutisch ein. »Das rechte Buch zur rechten Zeit hat viele Menschen vor dem Selbstmord bewahrt«, schreibt Viktor Frankl. »In diesem Sinne leistet das Buch echte Lebenshilfe – und Sterbehilfe.«[4]

Die Bibel ist Heilige Schrift. Sie hat teil an der Qualität des Heiligen. Das Heilige drückt sich aus als Macht, als das Reine und als das Heilende und Ganzmachende. In den heiligen Texten der Bibel steckt eine eigene Kraft, die anderen Texten nicht in demselben Maß innewohnt. Wenn ich daher einem Gast einen biblischen Text zur Meditation gebe, vertraue ich auf die heilende Macht, die von ihm ausgeht. Allerdings braucht es auch den richtigen Zugang zum Text. Es geht nicht darum, nur sein Wissen zu vermehren, nur theologische Zusammenhänge zu entdecken, sondern sich selbst im Text wiederzufinden. Es geht um Horizontverschmelzung, wie Hans-Georg Gadamer schreibt. Einen Text zu verstehen, heißt, sich selbst besser zu verstehen, sich selbst mit neuen Augen zu sehen. Wenn ich den Text meditiere, dann löst er in mir Emotionen aus: Abwehr, Zustimmung, Trauer, Angst, Vertrauen und Hoffnung. Ich lade die Gäste ein, frei mit den Texten umzugehen, sich selbst darin zu entdecken und den Text mit der eigenen Situation ins Gespräch zu bringen. Die biblischen Texte sind offen dafür, daß wir unsere eigene Lebensgeschichte darin finden. Und wir sollen sie anreichern mit unseren eigenen Erfahrungen. Dann können wir das selbst Erlebte im Licht des Textes neu verstehen. Wer sich selbst versteht, ist schon einen Schritt weiter auf dem Weg der Heilung.

Wenn wir einen Bibeltext meditieren, geht es nicht nur um Auslegung, sondern letztlich um die Begegnung mit Gott, bzw. in den Evangelientexten um die Begegnung mit Jesus Christus. Gerade in den Heilungsgeschichten tritt uns Jesus selbst entgegen. Dieser Jesus hat nicht nur vor zweitausend Jahren geheilt. Er ist jetzt als der Erhöhte lebendig. Er begegnet mir im Gebet, in der Stille, in der Eucharistie. Wenn ich ihm meine Wunden hinhalte, dann kann er sie berühren und die heilende Kraft Gottes in sie einströmen lassen. Ich muß meine Wunden nicht selbst abarbeiten. Ich darf Heilung empfangen. Aber ich darf meine Wunden nicht überspringen. Ich soll sie angesichts der Heilungsgeschichte und vor den Augen Jesu anschauen und Jesus hinhalten, damit er sie genauso heilt wie damals.

Nicht jeder biblische Text bewirkt Wunder. Manchmal liest der Gast den Text nur durch und kann nicht viel damit anfangen. Aber auch dann ist es gut, über diese Erfahrung der Nicht-Erfahrung zu sprechen. Warum bleibt der Text blaß? Geht er an dem Problem, das den Gast momentan am meisten bedrängt, vorbei? Oder will der Gast sich dem Text nicht stellen, weil er manches in sich noch nicht anzuschauen bereit ist? Oft genug durfte ich die Erfahrung machen, daß biblische Texte in meinem Gesprächspartner etwas in Bewegung brachten, daß da Verkrustungen aufgebrochen wurden und ein Umdenken begann. Und manche Gäste erfahren im Gebet die Nähe des heilenden Christus und können nach so einer intensiven Gebetszeit anders mit ihren Verletzungen umgehen.

Manche Gäste erzählen, daß sie kaum zum Lesen kommen. Außer Zeitungen und Zeitschriften haben sie kaum jemals etwas gelesen. Ihnen tut es gut, einmal einen guten Roman zu lesen. Dort können sie sich selbst wiederfinden und ihre Situation von einer anderen Seite aus betrachten. Die Bibel kann nur richtig lesen, wer auch sonst belesen ist. Denn sonst wird die Bibel für ihn nur ein frommer, aber letztlich unzugänglicher Text bleiben, den man pflichtgemäß meditiert, der aber das Herz nicht erreicht. Das Lesen guter Literatur bereichert auch unser Bibellesen. Ich frage die Gäste daher immer auch danach, was sie in den letzten Jahren gelesen haben. Wer liest, erfährt Lebendigkeit. Viele sind zu bequem geworden, Bücher zu lesen. Bücher regen zu inneren Bildern an, während das Fernsehen uns mit Bildern berieselt. Manche müssen erst wieder eine neue Lesekultur entwickeln. Für sie wäre der allzu schnelle Griff zur Bibel nicht ratsam, vor allem dann, wenn sie Bibellesen als religiöse Pflicht verstehen. Das Herz muß erst durch vieles Lesen aufgebrochen werden, damit der Samen der Heiligen Schrift in es einfallen und seine heilende Kraft in ihm entfalten kann.

Schluß

Wie versprochen habe ich keine Systematik geistlicher Begleitung entfaltet, sondern einige Aspekte beschrieben, die mir besonders wichtig sind. Das Besondere an der geistlichen Begleitung im Recollectio-Haus ist sicher, daß sie parallel zur therapeutischen Begleitung geschieht. Der Austausch mit den Therapeuten schärft den Blick dafür, wo geistliches Leben eine Flucht vor der eigenen Lebendigkeit ist, oder wo sie den Geschmack am Leben vertieft. Oft genug erleben wir, daß die Spiritualität zu einer Ideologie verkommen ist, mit der einzelne ihre Verklemmung und Lebensverweigerung rechtfertigen und überhöhen. Sie fühlen sich dann als etwas Besonderes. Besonders gefährlich ist es, wenn jemand sein Leiden ideologisch verklärt und sich für auserwählt hält, anstatt sich in Demut seinem Leiden zu stellen. Vielleicht würde er dann entdecken, daß sein Leiden Ausdruck einer Neurose ist. Für Carl Gustav Jung ist die Neurose immer ein Ersatzleiden, das wir uns aussuchen, um dem Leiden zu entgehen, das mit unserer menschlichen Existenz in seiner Durchschnittlichkeit und Gegensätzlichkeit notwendig verbunden ist. Geistliche Begleitung besteht darin, die Ideologie zu entlarven und zum Glauben Jesu vorzustoßen, zu einem Glauben, der zum Leben führt.

Nur wer sich der eigenen Wahrheit stellt, kann sich auf einen spirituellen Weg machen. Wer einen Teil seiner Psyche und seines Leibes vor sich selbst und vor Gott zurückhält, der wird auf seinem Weg nicht vorankommen. Wer mit sich selbst nicht in Berührung ist, der wird auch mit Gott nicht in Berührung kommen. Wenn viele religiöse Menschen darüber klagen, daß ihnen Gott ferne gerückt sei, so hat das immer die Ursache darin, daß sie sich von sich entfremdet haben. Sie haben zuviel von ihrer Seele ausgeschlossen. Sie halten Gott nur den hellen Teil ihrer Seele hin. Der dunkle Teil, der von ihrer Beziehung zu Gott ausgeschlossen ist, lähmt sie und hindert sie daran, sich selbst und Gott zu spüren. Die Therapie ist eine Hilfe, die Verdrängungen aufzugeben und die ganze Wahrheit Gott hinzuhalten. Nur dann kann das Leben wieder aufblühen. Und nur dann können die Menschen wieder Lust an ihrem spirituellen Weg empfinden.

Meinrad Dufner

Beten, wenn ich nicht bete

*»Ob Sie mir glauben – ich getraue mich kaum, davon zu sprechen,
ich habe Gottes Nähe noch nie so gespürt, ich war am Beten, obwohl ich sicher keine Worte machte, ich hab jetzt noch keine Worte
– aber es war Gebet.*
Ob Sie mir glauben?«
Zaghaft, noch unsicher und doch aus Erfahrung wieder ganz
überzeugt, berichtete die Ordensfrau von ihrem ersten Sauna-
bad, das sie sich gestern abend gönnte.
»Ob Sie mir glauben?«

Ja, ich hab ihr geglaubt. Ich habe ihr sehr geglaubt, weil
Vergleichbares oft berichtet wird. Immer freilich mit etwas Angst
und Unsicherheit. Diese Angst und Unsicherheit sind verständlich. Wie sehr kennt sie jeder, der im herkömmlichen Sinne
beten gelehrt bekam. »Helm ab zum Gebet«, hieß es nicht nur
im Feld. »Halt Dich grad!« »Schau nicht herum!« »Hände fal-
ten, wir beten!«

Eine derartig gespannte und unangenehm empfundene
Atmosphäre war oft die Begleiterin des Betens.
Dazu kommt noch der Ohrwurm: »Ihr müßt beten!« Doch
alles, was wir müssen, machen wir bekanntlich nicht gern.
Was ist mit der Ordensfrau in der Sauna geschehen?

Ein Schwitzbad, besonders wenn es allmählich unangenehm
angenehm wird, versetzt einen nur in gegenwärtige Empfindungen in sich selber, in eine Sammlung auf die inneren und
äußeren Vorgänge des Leibes. Der fast leicht schmerzliche Prozeß
erlaubt nicht mehr, woanders zu sein, er macht mich anwesend.
Und solche Anwesenheit ist der Anfang von Etwas-Gewahren.

Denn, wie soll einer wahrnehmen, der nicht aufmerksam anwesend ist?

Zu Beginn einer Begleitungsphase antworten Menschen öfter, ihr Wunsch sei, wieder gottinniger, gottverbundener zu werden. Kurz, sie wollen wieder beten können. Aus Erfahrung verweile ich nie bei dem sogenannten geistlichen Anliegen. Ich wechsle recht schnell zu Fragen, die das Feld Selbstannahme, wohlige Eigenpräsens, zufriedenes Bei-sich-Sein betreffen. Und fast immer ernte ich große Zustimmung, daß es in all den Bereichen ja auch so schal und farblos, leblos wäre. Wie könnte es auch anders sein. Gilt doch: Das Maß des Eigenverlustes ist auch das Maß der Beziehungslosigkeit.

Christliches Gebet ist Beziehungsgeschehen. Beten hat eine Ich-Du-Gestalt. Ist aber das Ich verängstigt oder verkrampft, unangenehm oder oberflächlich zerstreut oder selbstvernachlässigend, nur scheinbar vorhanden, oder ist es gar verfeindet mit sich, schon längst aus der Eigenbeziehung geflohen – aus irgendwelchen Gründen, die nicht gleich moralisiert werden dürfen –, dann ist auch kein Beten möglich; übrigens auch keine intensive Freundschaft.

So führt der Weg zu lebendig-geistlicher Haltung nicht über die Appelle, mehr zu betrachten, regelmäßiger zu beten und sich Zeiten geistlicher Lesung und vieles anderen mehr zu nehmen. Der Weg führt zunächst zum Menschen selber, zu einem Bei-sich-Sein. Ob er gut da ist und dieses Bei-sich-Sein, will wieder erlernt oder überhaupt erst gewagt werden. Es ist nämlich ein Wagen. Ein Wagen ist es, die kleinen Empfindungen und Vorgänge von sich, in sich, mit sich wahrzunehmen.

Wie soll mit Gott, zu Gott Großes gesagt werden, wenn das ganz Kleine, das banal Gewöhnliche und Individuelle vergessen, unberührt, abwesend bleibt?

Damit hängt zusammen, daß intensives, inniges Beten in Situationen derartigen Bei-sich-Seins aufbrechen kann: beim Einschlafen und Aufwachen, beim wohnlich Sich-Einbetten nach einem reichen Tagwerk, nach großer Anstrengung, nach einem geistreich zerzechten Abend, auf der Toilette, im Bad – Mary Ward widerfuhr eine entscheidende Christusbegegnung vor dem Spiegel beim Haare kämmen.

Beten, wenn ich nicht bete, heißt: Leben leben, das Jetzt und Jetzige ganz darin vergessen und anwesend tun. Anwesend tun, welche meditative Übung, welche von den angebotenen Wegen aus östlicher oder westlicher Tradition hätte dieses Ziel nicht! Ich schätze das alles. Schaue aber auch etwas mit Weh den Leuten zu, weil sie dieses Üben so feierlich, so ernsthaft, so wichtig nehmen.

Wenn Kinder spielen, sind sie geistlich weiter, daseinsfroher, einverwobener und frommer. Ach, wie viel Krampf und Kampf das allerhand geistliche Exerzieren! Ich habe noch nie jemanden frommer, nicht inniger werden sehen, der nicht auch unmittelbarer das Leben betrieb – ich wähle das Wort bewußt. Leben ist ein Betrieb, ein im Treiben sein, im Fluß sein, eine Bewegung, ein Tun, in dem es fast nichts zu tun gibt – außer leben.

Beten, wenn ich nicht bete. Wenn ich bete, das ist – sagen wir mal – beim Chorgebet, bei der Liturgie des Sonntagsgottesdienstes, auch die stillen privaten Gebetszeiten. Es braucht auch diese Weisen, sie sind wie Lieder, in denen die Freude sich aussingt, wie Worte, in denen das soviel innen Gesagte laut wird, das unendlich Ungeformte sichtbar, das unsagbar Wirkliche Mysterium und Kult. Ein derart Beten geschieht alle Tage in den Kirchen, Klöstern und Zellen.

Aber wie leicht verdünnt es sich, wird zur Werkerei, zur selbstbefriedigenden Beruhigung und Absicherung gegen den irgend doch angstvoll geglaubten Gott. Wie leicht versauert es zum sogenannten Pflichtgebet. Daher ist ein Kriterium lebendigen Betens, ob das Herz aufgeht. Das Herz, das wäre wieder jene Gegenwärtigkeit, wir sprachen oben davon. Und ebcn darin soll *Es* aufgehen.

Da geschieht etwas im Menschen, was sich wie Weite, wie ein Durchatmen, wie ein Durchströmtsein anfühlt. Merken Sie, meine Wortwahl nähert sich irgendwie dem Erotischen. Ja, etwas davon lebt im Gebet, etwas davon braucht jede Beziehung.

Oder sind unsere Gebete etwa eher wie Rechtsanwaltstermine oder Finanzamtsbesuche – oder sind sie gar Bewerbungsgespräche?

Beten, wenn ich nicht bete, das geschieht den ganzen Tag. Das geschieht im Schlaf, im Traum, in allem.
Es meint das Herz und dieses offen auf Ihn hin.

Ihn, den ich nicht kenne, erst allmählich kennenlerne. Aber Er kennt mich.

So betet der Geist mit jenem unaussprechlichen Seufzen – das aber ist das Leben.

Mit deiner Hand
hast Du meine Hand
zärtlich und liebevoll
angenommen, getragen, geöffnet und hast mir geholfen
mich selbst anzunehmen:
meine ›Persona‹ und meine Schatten,
meinen Leib, meine Gefühle und Gedanken,
meine Geschichte und meine Zukunft,
meine Wunden und meine Perlen,
meine Fehler, meine Sünden und meine Kraft,
meine Anima und mein Animus,
mein Leben und Sterben,
rücksichtslos, nicht siebenmal – siebenundsiebzigmal.[1]

Bis ich Dein Gesicht in meinem Gesicht schaue,
dein Ansehen in mir ansehe:
Tausendmal ›Du‹ und tausendmal ›Ich‹,
Gott-neu-geboren-in-mir,[2] ›Mein – Sohn – mein – Ich‹,
meine innerste Quelle, meine wiedergefundene Freude,
meine neue Lust am Leben, Stern auf meinem Weg.
Du und Ich füreinander ›Gott – mit – uns‹.

Wie ein Regenbogen
öffnet sich jetzt die Tür
zu einem neuen Anfang:
»Stehe auf, Du Neugeburt, gefunden in mir!
Siebenundsiebzigmal-gesiebte, stehe auf!
Und stärke jetzt deine Schwestern und Brüder
für die neugeborene Zeit.«
Es lebe 1999!
Simon Lambregs, Jahreswende 1998–1999, an seine ›Schwestern und Brüder‹ des 23.
Recollectio-Haus-Kurses

Simon Lambregs

Die Annahme
Die Gottesgeburt in mir – Nachdem die Zeit zwölf Wochen unterbrochen war
– Geschichte meiner Seele –

»Simon, Simon, der Satan hat verlangt, daß er euch wie Weizen sieben darf.
Ich aber habe für dich gebetet, daß dein Glaube nicht erlischt.
Und wenn du dich wieder bekehrt hast, dann stärke deine Brüder.«
(Lukas 22, 31–32)

Mit diesen Worten, welche ich meinen Freunden beim Verlassen von Münsterschwarzach Ende 1998 geschrieben habe, möchte ich die Erzählung über meine Neugeburt durch die ›Recollectio-Zeit‹ in Münsterschwarzach beginnen. Wie damals Petrus, will ich jetzt nach meiner Einkehr meine Brüder und Schwestern stärken. Denn mein Leben und mein Dasein als Priester sind durch diese Recollectio-Zeit gezeichnet als eine Zeit vor, während und nach diesen zwölf Wochen gesuchter und letztlich erzwungener Unterbrechung meines privaten Lebens und meines Lebens als Priester.

Warum schreibe ich diese Seiten?
Erstens schreibe ich für mich selbst: Ich möchte meinem Weg vor, während und nach meiner Recolletio-Zeit, eine Stimme verleihen, ihn in feste Worte fassen, weil Ich von jetzt an immer unterwegs bleiben will, auf diesem Weg meiner damals begonnenen Neugeburt.

Zweitens schreibe ich für meine vielen Schwestern und Brüder in der Seelsorge, die in ihrem Leben als Priester und Ordensleute, durch ihren Einsatz in der Kirche ermüdet sind, und die, wie es damals ich und meine ›Schwestern und Brüder‹ in Münsterschwarzach waren, auf der Suche nach einem neuen Aufbruch in ihrem Leben sind.

Drittens schreibe ich, um kirchliche Vorgesetzte und Verantwortliche einzuladen, achtsam zu sein: Sehr viele ihrer Mitpriester, Mitschwestern und Ordensleuten im kirchlichen Dienst, Kirchenkreisen und Kirchenumfeld, die die Kirche lieben, sind ermüdet oder in ihrer Liebe und ihrem Einsatz für die Kirche verwundet worden.

Und schließlich soll dieser Bericht ein Dank dafür sein, daß es das Recollectio-Haus, sein Team und die Abtei Münsterschwarzach als ›Flußbett‹ gibt, als Flußbett, in dem sich die Ströme meiner und unserer innersten Quelle neu sammeln (recollere) und neu fließen konnten. Als belgischer Priester bedaure ich, daß es kein Haus dieser Art in anderen Sprachräumen gibt, damit zum Beispiel auch für niederländisch- oder französischsprachige Ordensleute und Priester ein integraler Neuanfang von Geist, Psyche und Leib möglich wäre, wie es für mich durch das Recollectio-Haus geschehen konnte.

I. Meine Zeit vor Münsterschwarzach: Ich war ausgebrannt, erschöpft und auf der Suche nach neuen Kräften

Wir erlebten unsere ›erste Liebe‹ für die Kirche während der Konzils-jahre: Es war für mich und für viele eine große Herausforderung, Priester zu sein.

Ich bin einer der vielen Weltpriester und Ordensleute, die kurz vor, während und sofort nach dem Vatikanischen Konzil ihre ›erste Liebe‹ für die Kirche erlebt haben. Überall in Westeuropa haben wir begeistert und mit helfenden Händen angepackt, um unsere Liebe für Kirche und Welt durch Taten zu verwirk-lichen.

In den Gemeinden, in der Jugend- und Schulseelsorge, der Krankenpastoral und Sozialarbeit, beim Spenden der Sakramen-te und der Katechese – überall gab es so viel zu tun. Aber gegen Ende der achtziger und Anfang der neunziger Jahre sind uns die Kräfte ausgegangen, ohne daß uns noch wie früher eine angemessene Begleitung zur Verfügung stand. Die Begleitung auf geistlicher, psychischer und körperlicher Ebene, die es in einer noch geschlossenen Umgebung von Kirche, Priester- und Ordenskreisen füreinander gab, blieb ab den siebziger Jahren aus. Frauen und Männer in kirchlichen Berufen, die mit ande-ren Menschen umgehen müssen, wurden mehr und mehr Be-lastungen ausgesetzt und fanden in vielen Bistümern oft im-mer weniger Beratung. Während es früher dafür zum Beispiel in unserem Bistum die Institution der ›Kirchlichen Kontrolle‹ gegeben hatte, gab es solche Begleitung ab circa 1970 immer weniger. Statt dessen hieß es oft: »Gehe mit Gottes Segen.«

Meine Priesterweihe war 1970 im noch jungen flämischen Bistum Hasselt.[3] Ich war durchdrungen vom Geist der Studenten-

bewegung der sechziger Jahre. Bis 1987 war ich Kaplan in einer
Gemeinde, die mir viel Raum gab, um in der Jugend- und Ein-
wandererseelsorge, in der Katechese und auf anderen Ebenen,
ohne viel Organisations-Beratung oder Begleitung etwas zu
bewegen. In meiner ersten Stelle als Pfarrer, in der ich drei Jahre blieb, konnte ich mich Gott und den drei Gemeinden, für
die ich zuständig war ganz hingeben. Im Jahre 1990 wurde ich
zum Pfarrer im Arbeiterviertel einer Industriestadt von 63.000
Einwohnern ernannt. Das war für mich eine wirkliche Herausforderung und eine Freude. Die Gemeinde war 1967 in diesem
Stadtviertel mit etwa 4.500 Einwohnern ganz neu gegründet
worden und es galt, ihre Strukturen noch weiter auszubilden.
Die Bevölkerung umfaßte Menschen aus verschiedensten Kulturen, Kirchen und Religionen und es gab viele von Sozialhilfe
abhängige Menschen, Arbeitslose und zerbrochene Familien.
Eine wirkliche Herausforderung also für einen Priester, der
während der sechziger Konzilsjahre ausgebildet worden war.

Ich rechnete jedoch nicht mit den Wunden meiner Vergangenheit.

Doch ›in‹ diesen Neuanfang als Pfarrer im Jahre 1990 nahm ich
ein Gepäck mit, daß ich für diese Reise nicht vorgesehen hatte.
Neben der motivierenden Geschichte meines pastoralen Berufs-
weges, hatte ich auch eine lange Geschichte von persönlichen
und auch durch meine Arbeit verursachten Wunden, Enttäuschungen und Schwierigkeiten in die neue Stelle mitgebracht.
Zwei Jahre zuvor war mein Vater gestorben und danach meine
bei mir wohnende Mutter erkrankt. Meine Eltern hatten seit
1978 immer bei mir gelebt. Die Sorge um sie, erst für meine
Eltern, später nur noch für meine Mutter, war oft belastend.
Auf beruflicher Ebene war ich ohne Organisations-Beratung
und außerdem war im gleichen Jahr wie mein Vater auch mein

geistlicher Begleiter gestorben. Hinzu kam die hohe Arbeitsbe-
lastung: Während ich in meiner früheren Stelle immer mit zwei
Priestern in einer Gemeinde gewesen bin, war ich jetzt allein.
Darüber hinaus war die Arbeit an meiner neuen Stelle aufgrund
der komplexen Bevölkerungszusammenstellung in der Gemeinde besonders schwierig. Arbeit und Leistung hatten für mich
eine so große Priorität, daß ich immer mehr den Kontakt zu
meinen früheren Freunden verlor, keine Zeit mehr für Entspannung und Kultur fand, und auch nicht um meinen geistlichen
Begleiter in der Abtei aufzusuchen.

All diese Probleme erschwerten mir den Einstieg in meine
neue Stelle sehr. Das Gleichgewicht zwischen Pastoralarbeit und
persönlichem Leben, zwischen Leib, Seele und Gefühlen war
bedroht, und ich begann, meine ›Mitte‹ zu verlieren. Es gab
sehr viel Einsatz, ohne den Lohn spontaner Freude an der Arbeit, wenig Anerkennung aus der Gemeinde und von Vorgesetzten, keine wesentliche Unterstützung durch Mitbrüder und
Vorgesetzte, Verdruß, Verlust von Lebenslust, Ruhe und Kultur, und schließlich wenig Freude am Gebet. Obwohl ich auf
allen Ebenen verzweifelt versuchte, ein guter Priester und Christ
zu sein, verlor ich immer mehr meine Lebensmitte.

Wie viele andere sehnte ich mich nach neuer Kraft zum
Leben und suchte sie in einer Arbeit außerhalb der Gemeindearbeit, von der ich mir die Begegnung mit Neuem und Anerkennung versprach

Ich suchte vergeblich nach neuer Lust am Leben in Abteien
und auf Auslandsbegegnungen. Ich gründete während dieser
dunklen Jahre zusammen mit Freunden aus anderen Kirchen
und Religionen in unserem Dekanat sogar ein Haus der Begegnung der Kirchen und Religionen.

›Miracle des mains vides‹ (›Geheimnis der leeren Hände‹),
würde der französische Schriftsteller Georges Bernanos über diese

Jahre sagen, wie in seinem *Tagebuch eines Pfarrers auf dem Lande* (*Journal d'un curé de campagne*). Allerdings gelang es mir damit doch nicht, meine tiefste innere Quelle neu zu öffnen, und neue Lebensfreude bei Gott, Mitmenschen und mir selbst zu finden.

Im Juli 1996 hatte ich einen Zusammenbruch und brauchte ärztliche Hilfe. Die Diagnose lautete: »Herz- und Blutdruckprobleme.« Mein Arzt riet mir, sechs Monate auszusetzen. Mein Bischof gab mir sechs Wochen Urlaub. Doch meine Wunden an Leib, Gefühl und Seele wurden damit nicht geheilt. Beruflich, kirchlich, religiös, körperlich, psychisch und geistlich war ich mehr und mehr ohne Lust, ausgebrannt und erschöpft. Meine Vorgesetzten machten den Vorschlag eines Stellenwechsels. Ich sagte zum ersten Mal ›nein‹ zu einem Vorgesetzten, weil ich meine Probleme dorthin mitnehmen würde. Ein Stellenwechsel würde nichts nützen, glaubte ich.

Ich sehnte mich nach einer Sabbatzeit.

Sowohl in meiner Gemeindearbeit als auch in meinen persönlichen Kontakten wurde ich zunehmend kommunikationsunfähig. Es wurde mir deutlich, daß ich meine Ermüdungsprobleme mit Kirche, Beruf und persönlicher Desintegration nicht mehr allein meistern konnte. Noch immer sagten meine Vorgesetzten: »Suche einen Begleiter und einen Supervisor in der Nähe, denn ein Ausstieg aus deiner Pfarrei für längere Zeit ist unmöglich.«

Da machte ich Anfang 1998 den Vorschlag nach Münsterschwarzach ins Recollectio-Haus zu gehen. Durch die Bücher *Spiritualität von unten* und *Empathie* war ich in Kontakt mit den Gedanken von Pater Anselm Grün, Pater Meinrad Dufner und Wunibald Müller gekommen. Ein befreundeter Priester gab mir die Adresse und Telefonnummer. Doch es gab von meinen Vorgesetzten immer noch Fragen: »Wer wird dich ersetzen? Wie wirst du die Unkosten deiner Sabbatzeit bezahlen können? Die Krankenkasse bezahlt nur im Inland.«

Ich nahm Kontakt mit Herrn Dr. Müller auf, füllte ein Formular und einen Fragebogen aus. Im Juni 1998 machte ich einen ersten Besuch im Recollectio-Haus. Ich konnte gegenüber meinen Vorgesetzten meine Vorschläge zum Aufenthalt in Münsterschwarzach konkretisieren und damit war die Tür geöffnet. Das Recollectio-Haus war das, was ich, um meine Erschöpfung zu meistern, immer gesucht hatte. Ich wollte in einer solchen ›Übungsgemeinschaft‹ mich selbst und meine innere Quelle wiederfinden und mich unter spiritueller, psychisch-emotionaler und körperlicher Begleitung neu sammeln (recollere). Jetzt kam ein Ja von meinen Vorgesetzten und auch psychische und materielle Unterstützung. Vor meiner Abreise wurden alle Aktivitäten in der Pfarrgemeinde auf das Notwendigste beschränkt bzw. dem Diakon überlassen. Meine Mutter würde bis zu meiner Rückkehr abwechselnd bei zwei meiner Schwestern wohnen.

Im Herbst 1998 konnte ich dann zwölf Wochen im Recollectio-Haus in Münsterschwarzach verbringen.

II. Meine Zeit war für zwölf Wochen unterbrochen: Recollectio in Münsterschwarzach

In einer ›Übungsgemeinschaft‹ erfuhr ich die Heilung meiner Wunden, und kam neu mit meinem Ich und meinem Selbst, mit Kirche und Gott in Berührung.

Bei meiner Ankunft in Münsterschwarzach am späten Nachmittag des 13. Septembers 1998 gab es Regen und Sonne zugleich. Über der Abtei und dem Ort stand ein Regenbogen. »Eine Verheißung von Segen«, sagte ich zu mir selbst und wurde ganz still dabei.

So kam ich mit meinem ›Gepäck‹ für eine Zeit der Sammlung – für eine Zeit, in der ich mich wiederfinden und die zerbrochenen Glieder meines Ich wieder zusammenfügen wollte – im Recollectio-Haus an.

Ich war nicht allein angekommen. Zu achtzehnt machten wir uns Schritt für Schritt auf den gemeinsamen Weg einer neuen Begegnung mit uns selbst. Von diesem Weg möchte ich nun berichten:

Jeder hatte sein ›Gepäck‹ mitgebracht.

Sofort bei der ersten Zusammenkunft und Begegnung staunte ich, daß ich nicht allein war mit meinem ›Gepäck‹. Jeder hatte seine Wunden, Enttäuschungen, Schatten und Erlebnisse mitgebracht.

Es war lange Zeit her, daß ich über meine Wunden und meine Geschichte mit anderen gesprochen hatte. Noch viel länger war es her, daß ich in einer Gemeinschaft gelebt habe und mich mit anderen über das, was mich im tiefsten berührte, austauschte. Wir Weltpriester sind meistens Einzelgänger oder haben es nicht schwer, dies zu werden, obwohl wir in der Liturgie und in Versammlungen viel über Gemeinschaft reden. Als Weltpriester können wir meistens frei über unseren Tagesablauf verfügen, aber hier gab es eine Tagesordnung, welche ziemlich ›klösterlich‹ war. Ich sagte ›ja‹ zu dieser Gruppe und wollte innerhalb dieser zwölf Wochen versuchen, ein gutes Mitglied in ihr zu werden. Ich staunte darüber, wie sehr wir zölibatäre Männer und Frauen aus fünf verschiedenen Ländern – Deutschland, Österreich, Belgien, der Schweiz und Niederlande – eine eigene ›Subkultur‹ innerhalb der europäischen Kulturgemeinschaft waren. Wir gehörten alle als Männer und Frauen, Weltpriester und Ordensleute zu einer Gemeinschaft, in deren Mitte Jesus, ›der verwundete Heiler‹ (Henri Nouwen) ist. Obwohl einander unbekannt, waren wir 18 Frauen und Männer zwischen 35 und 62 Jahren, doch keine Fremden füreinander. Unser ›Gepäck‹ und die mitgebrachte Lebenskultur verbanden uns. Wenn wir, wie damals Petrus beim Urteilsabend von Jesus im Gerichtshof des Hohenpriesters gefragt werden würden: »Du bist auch von der Gruppe dieses Mannes Jesus von Nazareth?«[4] würde unsere Stimme und unsere Lebenskultur ›ja‹ sagen müssen.

In jener ersten Begegnung gab uns Dr. Müller drei Worte mit auf den Weg: ›Empathie‹, ›wahrhaft‹ und ›kongruent‹. Und mit den Worten von Psalm 119, Vers 105 machten wir uns dann auf den Weg: »Dein Wort ist meinem Fuß eine Leuchte, ein Licht für meine Pfade.«

Die Gruppe im Recollectio-Haus: eine ›Übungsgemeinschaft‹.

Im Gebetsraum des Recollectio-Hauses kam uns ›*Der verwundete Heiler*‹, wie Henri Nouwen Ihn genannt hat, und wie auch Wunibald Müller und Anselm Grün *Ihn* in ihren Büchern

nennen, entgegen. Wenn wir zum verwundeten Heiler auf-
schauen, werden wir als Gruppe zur Gemeinschaft zusammen-
wachsen. Unsere eigenen Wunden können wir besser tragen.

Dazu braucht es aber der Übung. Das gemeinsame Leben
im Recollectio-Haus war eine ›Übungsgemeinschaft‹. So nennt
der buddhistische Meister Thich Nath Hanh eine Glaubensge-
meinschaft, beispielsweise von Christen, in seinem Buch *Buddha
und Christus heute*. Hier, beim gemeinsamen Leben in diesem
Haus, konnten wir auf verschiedenen Ebenen üben, neue Lust
am Leben zu finden. In einem geschützten Raum konnte ich
jetzt wieder versuchen, mit mir selbst, mit anderen Männern
und Frauen und mit Gott umzugehen. Wöchentlich konnte
ich persönlich mit meinem Psychotherapeuten über meine
Gefühle und mit meinem geistlichen Begleiter über mein geistliches Leben reden. Außerdem konnte ich mich in Gruppengesprächen mit anderen Frauen und Männern unter Begleitung eines Psychotherapeuten auseinandersetzen. Im kreativen
Ausdruck tauschten wir uns aus, und in der Leibarbeit kamen
wir mit Leib, Geist und Gefühlen auf eine Weise in Kontakt,
wie es uns schon lange nicht mehr passiert war. In der Alltagsgruppe organisierten wir unsere Aufgaben der körperlichen
Arbeit in Gärtnerei, Buchbinderei, Putzdienst, Küchendienst
usw. Es gab ein Gleichgewicht zwischen der persönlichen Entwicklung und der Entwicklung innerhalb der Gruppe.

So erfuhren wir auf mehreren Ebenen eine Bereicherung
und einen wichtigen Austausch: wir wurden als Individuen, die
eine persönliche Erfahrung innerhalb der Gruppe machten, als
Mitglieder der Gruppe im Gruppengespräch und im Alltagsleben (bei der Arbeit, bei den gemeinsamen Mahlzeiten usw.)
und auch als Gruppe insgesamt leiblich, psychisch und geistlich gefordert. Auf allen diesen Ebenen gab es jeweils eine hilf-
reiche Begleitung.

Ein Geschenk! Ich sagte damals dazu: »*Alles* ist hier Therapie. *Alles* gehört hier zum Heilungsprozeß.«

Die Gemeinschaft und diese Verschiedenheit der Beziehungen miteinander, war für mich und die anderen ›Leib und Seele‹ für eine Heilung und Lebenserneuerung und Zuflucht zugleich. Je mehr wir ›übten‹, desto mehr Fortschritte machten wir auf ›dem Weg‹. Die normalen Konflikte in einer Gruppe, Chancen und Schwierigkeiten, Rivalität, Unlustgefühle konnten wir gerade in einer Gruppe wie der unseren aussprechen und teilen. So kamen wir zu einem Verständnis für uns selbst und füreinander, zu Freundschaft und zu Achtsamkeit für jede Eigenart. Nun konnte ich üben, auf neue Weise kommunikationsfähig zu werden, denn am Anfang war das Gruppenleben für mich eine ›Wüste‹. Es waren fast zu viele Begegnungen und eine zu große Nähe, durch die ich mich zerdrückt fühlte.

Wie habe ich dann die Freude am Leben und das Gleichgewicht zwischen meinen inneren Widersprüchen wiedergefunden?

Ich bekam ›neue Schuhe‹ und konnte sie ausprobieren – ›Spiritualität von unten‹ zusammen erleben.

In der ›Übungsgemeinschaft‹ im geschützten Raum des Recollectio-Hauses konnte ich mich wieder sammeln und bekam ›neue Schuhe‹ für den Weg durch das Alltagsleben, in das ich bald zurückkehren sollte. Hier konnte ich sie schon einmal für zwölf Wochen ausprobieren: nicht durch Identifikation mit einem Ideal, durch ideale Gedanken oder ideale Gefühle, sondern einfach, indem ich Tag für Tag den Weg ging. Durch die Begegnung mit mir selbst und meinen Gefühlen und den Austausch mit meinen Mitmenschen über meine Erlebnisse wurden mein Ich und ›Gott in mir‹ neu geboren.

Dort, wo meine Enttäuschungen, Schwierigkeiten, Leidenschaften, wo meine Ohnmacht und meine Schatten sich befinden, fand ich neue Zugänge zu meinem verborgenen Innersten, zu meinen seit vielen Jahren nicht mehr berührten Quellen – ich fand zu ›Gott in mir‹.

Wie habe ich meine ›neuen Schuhe‹ ausprobiert? Ich will einige Beispiele geben:

In der ersten Woche fiel es mir recht schwer, mit Unbekannten im Küchendienst oder Reinigungsdienst zu arbeiten. »Laßt mich bitte in Ruhe! Ich gehe lieber zur Gärtnerei, ganz allein, irgendwohin, wo ich nicht sofort reden muß« – so dachte ich. Aber gerade dort, wo es am Anfang weh tat, entdeckte ich später meinen Schatz. »Übe! Versuche es, Du brauchst es gerade wieder auf Menschen zuzugehen, Du möchtest am liebsten reden und zusammen arbeiten!« sagte ich immer wieder zu mir.

Und während der letzten Wochen meiner Recollectio-Zeit konnte ich schon ein wenig in meinen ›neuen Schuhen‹ laufen: Ich konnte auf Personen zugehen und selbst wieder eine ›Tür öffnen‹.

Jahrelang hatte ich meine Gefühle nicht geäußert – weder innerhalb einer Gruppe in der Gemeinde noch vor Vorgesetzen. Traurigkeit und Schmerz, Wut und Freude, Ängste, Schuld und Libido erhielten nirgendwo Worte oder Gebärden, um sich zu äußern. Dies gelang mir auch noch nicht während der ersten Wochen im Recollectio-Haus. Bis eines Tages meine Wut über ein Geschehen so groß war, daß ich voller Wucht auf meinen Stuhl schlug. Zu meinem Erstaunen fingen alle an zu applaudieren und sagten: »Endlich hat Simon mal seine Wut rausgelassen!« Ein anderes Mal geschah es, daß mir die Tränen kamen und meine Kursmitglieder zu mir sagten »Weine mal, Tränen tun gut.« Und es hat gut getan.

Eines Sonntags gingen wir zum Konzert des Bayerischen Rund-
funks in die Abteikirche. Seit zwanzig Jahren hatte ich kein
Musikkonzert mehr erlebt. Gefühle, die Jahre verborgen gewesen waren, erwachten wieder. Ich entdeckte wieder, daß ich mich
durch Malen und Zeichnen ausdrücken konnte, Dinge, die ich
seit Jahren nicht mehr getan hatte. Ohne Lust begann ich den
Kurs »Heilender Tanz«, bis ich wieder entdeckte, wieviel Spaß
das Tanzen mir früher gemacht hatte. Wo war die Zeit geblieben, in der ich früher eine Wanderung von einer Stunde machte? Leibarbeit, eutonische Übungen am Morgen und Meditation gaben mir bald neue Kraft. – *Vor Jahren hatte es eine Zeit
gegeben, in der ich in Sri Lanka die Meditation übte, doch im
Laufe der Zeit hatte ich auch diese Quelle vergessen.* – Jeden Freitag erlebte ich die heilende Wirkung des Fastens und jeden
Sonntag begann ich mit einem Morgenspaziergang. An einem
Sonntagmorgen schrieb ich, zum ersten Mal seit vielen Jahren,
einige Gedichte. Es war für mich selbst unglaublich und er-
staunlich, zu entdecken wie alte Interessen, die ich so lange
vergessen hatte, auf einmal wieder als neue Energie-Quellen
auftauchten. Meine Begleiter sagten mir, daß diese weiterhin
fließen würden, wenn ich mir die nötige Zeit dafür nähme.

Ich spürte, daß gerade diese Dinge, für die ich durch meinen Einsatz für Kirche und Mitmenschen keine Zeit mehr gehabt hatte, zu Quellen neuer Energie für meinen Leib, meine
Gefühle und meine Seele werden würden.

Während der Gespräche wurde es von Woche zu Woche
deutlicher, daß ich von sehr weit her, aus einer großen Ferne
würde zurückkehren müssen. Dabei war es für mich sehr schwer,
wieder zu lernen, mich meiner Umwelt zu stellen. Mein Selbstwertgefühl war ganz verlorengegangen und meine Ohnmacht
war groß. Am Anfang war mein Pott[5] leer. Morgens war ich oft
zu müde, meinen Alltag zu beginnen, genau wie in den letzten

Jahren meiner Gemeindearbeit. Gegen Ende übernahm ich, erstmals seit Jahren, wieder Verantwortung einer Gruppe gegenüber. Ich ließ andere auf einmal nicht mehr über mich verfügen oder gar auf mir ›herumtrampeln‹, wie ich es Mitmenschen und Vorgesetzten so lange erlaubt hatte.

Wie aber fand ich mein Selbstwertgefühl wieder? Die Begleitung bot regelmäßig Themenwochenenden als Anstöße für unsere persönliche und gemeinsame Entwicklung an – so ein Bibliodrama-Wochenende oder ein Kurs ›Reise in unsere Kindheit‹. Dabei begegnete ich mir mehrmals auf eine Weise, wie ich es nicht erwartet hatte. Auf einer Reise in meine Kindheit begegnete ich den Freuden aber auch den Wunden von damals. So waren auf einmal mein Vater und meine Mutter da und meine heutige Beziehung zu ihnen – es tat so weh. Ein anderes Mal, während eines Bibliodrama-Wochenendes spürte ich, wie gerne ich in der ›Wüste‹ bleiben würde, wie gerne ich weiteren Konfrontationen mit mir selbst, den anderen, dem Bösen und Gott in mir aus dem Weg gehen würde. Meinen ›Animus‹ und meine ›Anima‹ in mir, wie Carl Gustav Jung es sagt, hatte ich bis jetzt eigentlich zu wenig angenommen. Dies wurde mir während des Wochenendkurses ›Mann- und Frausein‹ sehr bewußt. Eines Tages konnte ich alle meine Agressionen auf einen ›Scheiterhaufen‹ werfen, und das tat sehr gut. So lernte ich wieder meine Position gegenüber anderen zu behaupten und mich meiner Umwelt zu stellen.

Das *Schlüsselerlebnis*, das mir die Tür zu meiner ›Persona‹ öffnete, war eine *Masken-Erfahrung*. Wir hatten uns gegenseitig Masken aufgelegt und führten mit ihnen auf einer kleinen Bühne anschließend ein Theaterstückchen auf. Plötzlich begann ich, unerwartet und erstaunt über mich selbst, das Lied *We shall overcome some day!* zu singen. Dieses Lied hatte ich seit

1966/68, während der damaligen Studentendemonstrationen, nicht mehr gesungen. Von ganz tief und weither sprudelte es, kam es auf einmal aus einer neu erschlossenen Quelle. Ich spürte, daß das, was jetzt mit mir geschah, ein Durchbruch zu einer neuen Zukunft war. Auch wenn diese Zukunft noch viel Übung und Arbeit an mir verlangen würde: Eines Tages würde ich wieder dort sein, wo ich vor meiner Krise war, auf der anderen Seite der Schatten, die mich heute bedrücken – mit neuer Kraft: »We shall overcome, some day!«

Das Erstaunliche ist, daß dies alles im geschützten Raum unseres gemeinsamen Zusammenlebens eingeübt werden konnte: während unserer Arbeiten in Küche, Reinigungsdienst, Gärtnerei, Druckerei, Waschküche, Goldschmiede, aber auch am Abend im Kaminzimmer bei einem Glas Wein oder Bier, bei einer Wanderung oder einem Konzert. Eigentlich begleiteten wir einander im täglichen Leben ebensoviel, wie wir durch das Angebot von Gruppen- und Einzelgesprächen, Wochenendkursen, kreativer Gestaltung und die Verbundenheit mit dem Abteileben begleitet wurden.

Wir hatten ein Flußbett, in dem die Ströme aus der neu entdeckten Quelle unserer ›Recollectio‹ fließen konnten.

Das Leben der Mönche und das Begleitungsteam des Recollectio-Hauses waren für uns wie ein ›ruhiges Flußbett‹, in dem das Leben schenkende Wasser aus unseren neu entdeckten Quellen fließen konnte.

Das Stundengebet der Mönche, an dem ich an freien Stunden gerne teilnahm, die Stille der Kirche, die Arbeit der Mönche und ihre einfache Anwesenheit genügte: Es war eine beruhigende Atmosphäre, in der vieles unbemerkt wachsen konnte. Abt Fidelis hatte uns eines Tages in die Geheimnisse des gelungenen Abteilebens eingeführt: es sei die heilende Benediktinische Gastfreundschaft füreinander, in der das Gleichgewicht von ›Ora et Labora‹ und Horchen auf das Wort Gottes und das der Mitmenschen, jeden an der Gemeinschaft mitbauen ließe. So seien sie heilend füreinander – und für viele andere Menschen – da. Die Anwesenheit von Pater Anselm, Pater Udo und Pater Meinrad sowie ihre Eucharistiefeiern an Wochentagen war eine weitere Brücke zwischen uns und der Klostergemeinschaft.

Die offene Weise in der das Begleitungsteam – die drei Patres, Dr. Müller, Ruthard Ott, Ilse Müller und Schwester Julietta – immer für uns da war und uns nahe blieb, war für mich und die Schwestern und Brüder unserer Gruppe wie ein Ufer, das unsere erwachenden Ströme in das ›offene Meer‹ unseres künftigen Alltags begleiten würde.

Das Schwierigste während der zwölf Wochen im Recollectio-Haus war der Gedanke, daß dieses ›Flußbett‹ einmal nicht mehr da sein würde und daß wir wieder Teil des Wassers werden müßten, das ins offene Meer fließt.

Dieses ›offene Meer‹ war vielleicht das Erschreckendste, was mir während der zwölf Wochen vor Augen kam. Oft fragte ich mich: »Wie werde ich wieder ins Alltagsleben einsteigen können? Wie wird die Rückkehr in meine Gemeinde und zu meiner Pastoralarbeit aussehen? Genügen diese zwölf Wochen wirklich, einen neuen Einstieg vorzubereiten?« Regelmäßig wurde ich hin- und hergerissen. Nächte voller Zweifel, Ängste und Tränen kamen. Alles, was ich während vieler Jahre tief innerlich erlebt hatte, kam in diesen zwölf Wochen unerwartet zurück auf meinen Tisch. Die ›neuen Schuhe‹, neu entdeckten Methoden und Weisen um zu leben, waren noch so ganz neu.

»Wird es mir auch *nach* diesen zwölf Wochen gelingen, mit meinen Schatten und Wunden umzugehen?«

Besonders nach sechs Wochen, als wir Zwischenbilanz hielten, und in der letzten Woche vor unserem Wiedereinstieg in die ungeschützte Welt des Alltagslebens ›draußen‹ beunruhigten mich und viele von uns diese Fragen.

Ich nahm mir fest vor, ganz vorsichtig wieder ›einzusteigen‹: Ich wollte noch einige Wochen im Gästehaus der Abtei bleiben, um einmal alle Erlebnisse der letzten Zeit in Ruhe ›zu mir kommen zu lassen‹ und die Rückkehr in meine Gemeinde in der Stille des Abteilebens ein wenig vorbereiten zu können.

Außerdem wollte ich noch einige Freunde in der Schweiz besuchen, um ihnen von meiner Recollectio-Zeit, der Zeit davor und von meinen Zukunftsplänen zu erzählen. Auch das würde eine wichtige Vorbereitung für meinen ›Neueinstieg‹ ins Alltagsleben sein, denn vieles von dieser ›Geschichte meiner Seele‹ würde ich nirgendwo anders erzählen können.

Ein persönlicher ›Kontrakt‹ für den Neubeginn.

Das ganzheitliche Menschenbild des Recollectio-Hauses hat mich in diesen zwölf Wochen ganz durchdrungen. Ich hatte kein Ziel erreicht, aber ein neuer Weg war jetzt mein Ziel: *Annahme* meiner Selbst mit meinen Stärken und Schwächen und *neue Lust am Leben.*

Während der letzten Woche war uns das Begleitungstcam behilflich, unseren eigenen Weg für uns selbst so deutlich wie möglich zu beschreiben. So setzte ich eine Art ›Vertrag mit mir selbst‹ auf:

Bei meinem neuen Einstieg in das Leben will ich vier persön-
liche Ziele beachten, pflegen und leben und diese wie meinen Aug-
apfel hüten:

Erstens will ich mein neues Selbstwertgefühl pflegen und hüten. Ich werde sagen: »Ich bin Ich, und Du bist Du.« Ich werde mich in meinem persönlichen Leben, meiner Mutter und Familie, meiner Pastoralarbeit und meinen Konfraters und Vorgesetzten stellen. So werde ich neu entscheidungsfähig.

Zweitens will ich versuchen auf andere zuzugehen und mit ihnen eine Gruppe bilden, in der wir, wie im Recollectio-Haus im Geiste der Spiritualität von unten leben und einander tragen. Ich werde dafür Türen öffnen und, wo nötig, mich auch abgrenzen und Türen schließen. So werde ich ein neues und eigenes Flußbett erhalten.

Drittens werde ich meiner neu entdeckten Kreativität beim Musizieren, Malen, Heilenden Tanz, Dichten und Singen Zeit und Raum geben. Dadurch werde ich neue Kräfte und neue Energie gewinnen und die Freude meiner ersten Liebe als junger Priester wiederfinden und hüten. Meine ›Persona‹ sind ja viele: nicht nur der ernsthafte Priester im Beruf, sondern auch das spielerische Kind und der Künstler in mir. So werde ich mich besser von den Gedanken, Gefühlen und Problemen abgrenzen können, die mit meiner Arbeit verbunden sind. Denn ich habe meine Gedanken, Gefühle … aber ich bin nicht meine Gedanken, Gefühle …

Und viertens werde ich für dies alles neue Rituale einüben und so mein Leben wieder ordnen und neue Geborgenheit finden. Während meiner zwölf Wochen war jeder Freitag ein Fastentag, und hatte jeder Sonntagmorgen eine Auferstehungswache. Dies möchte ich beibehalten und an meiner Tagesordnung, meiner Arbeits- und Raumordnung so arbeiten, daß dadurch ein inneres geistliches und äußeres materielles Flußbett möglich ist, neben dem Flußbett einer tragenden Spiritualitätsgruppe.

Die Annahme durch die Gruppe und die Annahme durch mich selbst, mit meinen Kräften und mit meinen Schattenseiten, ermöglichte mir eine wirkliche Neugeburt.

Bei meiner Primizfeier im Jahre 1970 hatte der Prediger das Pauluswort gesprochen: »Nicht mehr ich lebe, sondern Christus lebt in mir.« Einige Tage vor Weihnachten 1998 hatte ich mich in diesen Text neu vertieft. Jetzt konnte ich mein enges Ich ganz loslassen und mich ganz Gott überlassen. Christus lebte in mir. Ich fühlte mich leiblich und seelisch gesund und heil. Den letzten Teil meines Lebens, es seien zehn oder fünfzehn noch kräftige Jahre, wer weiß, würde ich wie eine Neugeburt angehen: »*Wenn Gott jedoch tausendmal geboren wäre und nicht in unsere Seele neugeboren, wär Seine Geburt vergeblich gewesen*«, sprach ich in jenen Tagen Johannes Tauler nach.

Die Annahme durch die Gruppe, so wie ich war, und die Annahme meiner Selbst mit meinen Kräften und Schattenseiten ermöglichte mir eine wirkliche neue Geburt. Mit einem persönlichen Magnificat verließ ich Münsterschwarzach.

Bei meiner Abreise am Morgen des 19. Dezember gab es Regen und Sonne zugleich. In Kitzingen machte ich noch Halt und kaufte mir symbolisch ein Paar neue Schuhe. Als ich auf die Autobahn kam, sah ich wieder einen Regenbogen, genau wie bei meiner Ankunft in Münsterschwarzach am 13. September. Diesmal stand er über Würzburg, und ich fuhr wieder auf ihn zu – das Tor zu einem Leben. Mir kamen die Tränen. Dies konnte kein Zufall mehr sein. Ich empfand eine so schöne und glückliche Traurigkeit in meiner Seele. »Ich komme! We shall overcome!« begann ich weinend zu singen – verwundet damals und jetzt geheilt.

III. Mein Leben nach Münsterschwarzach:

Meine Versuche, neugeboren aus meiner Mitte zu leben.

Das Jahr Eins nach der ›Recollectio-Zeit‹ hatte ich Monat für Monat vorausgeplant: Im ersten und zweiten Monat wollte ich eine Priester- oder Spiritualitätsgruppe bilden und neue Kontakte zu Vorgesetzten knüpfen. Von der Fastenzeit an wollte ich zunächst einmal mit der Pastoralarbeit wie vor Münsterschwarzach weitermachen, das heißt auf mich allein gestellt, ohne die Hilfe einer Gemeindegruppe an Ostern oder für die Erstkommunion- und die Firmvorbereitung. Nach der Firmung wollte ich alles neu formulieren und Ferien machen, um dann ab September einen richtigen Neuanfang mit neuen Gruppen in der Gemeinde zu machen.

So war es gedacht, doch so ist es nicht verlaufen.

Das Jahr ›Eins‹ nach Münsterschwarzach von Weihnachten bis Ostern: »Schnell neu anfangen«.

– das Licht kommt von unten

Ich wollte meine Recollectio-Zeit mit einer Besinnungszeit und Wallfahrt beenden. So fuhr ich von Münsterschwarzach nach Melchtal in die Zentralschweiz, einem Bergdorf in dem Tal, in dem einst der Schweizer Friedensheilige Bruder Klaus von der Flüe gelebt hatte.

Einige Tage konnte ich mit meinen Schweizer Freunden über meine Recollectio-Zeit und meinen geplanten Neubeginn sprechen. – Sie waren die einzigen gewesen, denen ich vor meiner Reise nach Münsterschwarzach davon erzählt hatte, was mich im Recollectio-Haus erwartete. Weder meiner Familie

noch Kollegen oder meiner Gemeinde hatte ich vorher etwas
Genaues darüber erzählt.

Am Tag vor Weihnachten, in der Kapelle bei der Zelle des
Einsiedlers Klaus in der Ranftschlucht, wollte ich symbolisch
nach 15 Wochen das erste Mal wieder selbst die Heilige Eucharistie als Hauptzelebrant feiern und zum ersten Mal nach 15
Wochen wieder eine Predigt halten. Ich sprach darüber, daß
das Licht von Weihnachten nicht von oben, sondern von unten, aus der Tiefe unserer Seele kommt. In dieser Kapelle gab es
das Friedenslicht von Bethlehem. Ich entzündete eine Kerze
daran und nahm das kleine schwache Friedenslicht mit aus der
Tiefe nach oben für die Dorfkirche und die Klosterkirche. Und
ich nahm es mit nach Belgien in meine Gemeinde, 700 Kilometer weiter, eine lange Autofahrt; als Zeichen dafür, daß ich
selbst klein und verletzlich aus der Tiefe meiner Seele wieder-
kam, achtsam für das Schwache in unserer Mitte. Am letzten
Abend des Jahres, Silvesterabend, feierte ich zum ersten Mahl
wieder die Heilige Messe in meiner Pfarrkirche und zündete
mit dem Friedenslichtlein aus der Tiefe das Ewige Licht am
Tabernakel neu an. – Ein Zeichen fürs kommende Jahr.

– Spiritualität von unten: ein Neueinstieg in eine alte Umgebung

Ich kehrte in meine alte Gemeinde, mein Pfarrhaus mit meiner
alten Mutter und in meine frühere Priestergruppe zurück.

Und doch wollte ich sofort und so rasch wie möglich neu
anfangen. Ich war erfüllt von neuen Gedanken und hatte neue
Lebensziele. Ich wollte sofort mit meinen Vorgesetzten und
Priester-Mitbrüdern über meine ›Recollectio-Zeit‹ und die dort
erlebte Spiritualität von unten reden, für die jeder Mensch mit
seinen Gefühlen, Leib und Seele wichtiger ist als alles, was es in
einer Pfarrei und in der Gesellschaft zu tun gibt und die jeden

mit seinen Wunden und Schatten ernster nimmt als seine Ideale und Pläne. Denn jeder Mensch ist am glücklichsten und heil, wenn er aus seiner eigenen inneren Quelle leben und seine Schwächen annehmen kann. »Denn gerade wenn jemand schwach ist, ist er stark«, sagte schon Paulus.

– ich suchte Hilfe, um diese Frohbotschaft aus der Recollectio-Zeit zu teilen

Sobald es möglich war, traf ich mich mit einigen meiner Vorgesetzten. Sie zeigten Interesse am Kursverlauf: »wie es denn so gegangen« sei, und »wie man dort im Reco-Haus die ›Spiritualität von unten‹« erlebe. Sie ermutigten mich, darüber mit meinen Mitpriestern im Dekanat zu sprechen und begrüßten meinen Vorschlag, mir einen Supervisor zu suchen. Wie ich es mir gewünscht hatte, war ein Wechsel der Pfarrstelle für sie kein Thema. Darüber war ich sehr glücklich. Denn ich wollte jetzt lieber nicht in eine neue Gemeinde wechseln, sondern in das neue Pfarrhaus einziehen, in dem die Arbeiten im Laufe des Jahres 1999 beendet sein sollten. Meine alte und kranke Mutter, die während meiner Abwesenheit bei meinen Schwestern gewohnt hatte, hätte einen Umzug in eine neue Gemeinde nicht mehr ertragen.

Auch mit der Priestergruppe, mit der ich über die ›Spritualität von unten‹ sprechen wollte, begann ich sofort. Ich kaufte für jeden die niederländische Ausgabe von *Spiritualität von unten* und wir begannen, es gemeinsam zu lesen. Doch nach drei Treffen hatten sie schon genug davon und wollten wieder über konkrete Pastoralarbeit sprechen: »Du hast Münsterschwarzach erlebt«, sagten sie, »für uns ist es nicht so einfach, das zu verstehen und schwierig, dieses zu leben«. Mir wurde klar, daß es besser wäre, meine ›Arbeitsgruppe‹, von meiner

›Spiritualitätsgruppe‹ zu trennen, genau, wie wir es in Münster-schwarzach getan hatten.

In der zweiten Januarwoche traf ich mich dann zum ersten Mal mit meinem Supervisor. Er war Psychologe und Agoge für die Ausbildung von Mitarbeitern in kirchlichen Gruppen in den flämischen Bistümern. Wir waren uns nicht unbekannt, weil ich bei ihm und seinem Begleitungsteam sechzehn Jahre zuvor einen Ausbildungskurs gemacht hatte. Wir verabrede-ten, uns während eines Jahres einmal monatlich zu treffen. Bei unserem ersten Treffen berichtete ich ihm über meine vier wich-tigsten Ziele, die ich mir beim Verlassen des Recollectio-Hau-ses vorgenommen hatte: *mein Selbstwertgefühl entwickeln; eine Spiritualitätsgruppe bilden; meine Kreativität nicht vergessen; neue Rituale finden, als Flußbett für meine neu erwachte innere Quelle.* Er wollte mir behilflich sein, diese wichtigen Zielen ›wie mei-nen Augapfel zu hüten‹.

Mit meiner Gemeinde und meinen Mitarbeitern hatte ich großes Glück: Sie hatten Geduld mit ihrem Pfarrer und räum-ten mir Zeit ein, so daß ich nicht sofort wieder voll in die Gemeindearbeit einsteigen mußte.

Das Jahr ›Eins‹ von Ostern bis zum Fronleichnamsfest:
»So schnell geht es nicht.«

Das Thema unseres Treffens in der Woche nach Ostern, war die Wiederbegegnung mit einem alten ›Bekannten‹. Ich mußte meinem Supervisor gestehen: »Mein *Pott* ist seit Ostern wieder leer. Wie soll ich meine Ohnmacht meistern und mein Selbst-wertgefühl nicht verlieren ?« Was war geschehen?

Ich hatte meine Suche nach einer Gruppe um mich aufge-ben müssen, weil die Vorbereitungen zu Firmung und Erst-kommunion mich sehr beschäftigten. Mehrere Beerdigungen kamen hinzu, die ebenfalls viel Vorbereitung benötigten. Außerdem wollte ich meine Kontakte zu Kirchen und Religionen außerhalb der Gemeinde nicht einschränken. Privat kam eine Reihe von Gesprächen mit meiner Familie über meine mehrmals erkrankte Mutter hinzu.

»So schnell geht es nicht!«, sagte mein Supervisor: »Natürlich muß dein Pott leer sein: Du tust zu viel! Versuche einmal, dich einzuschränken!«

Das nächste Supervisionsgespräch hatte ein anderes Wort aus meiner ›Recollectio-Zeit‹ zum Thema: *Annahme. – Nimm deine Begrenzungen an, denn Gott nimmt Dich auch so an.* Gleichzeitig gelang es mir, neue Türen zu öffnen: Auf der Suche nach Mitarbeitern fand ich Menschen für die anfallenden Vorbereitungen zur Erstkommunion.

Hoffnungsvoll fragte ich mich: »Wird es nun doch bald besser gehen?«

Ich verabredete mit meinem Supervisor, mir in Münsterschwarzach nach meiner Begegnung mit Herrn Dr. Müller und Pater Udo während der Fronleichnamswoche mal eine Ruhezeit zu gönnen und eine Zwischenbilanz des ersten halben Jahres nach meinem Recollectio-Haus-Aufenthalt zu ziehen.

Da fragte mich an jenem Junitag Dr. Müller: »Eigentlich läuft es nicht schlecht. Worauf wartest Du, um ganz neu anzufangen?«

Das Jahr ›Eins‹ die dritte Periode: Eine neue Unterbrechung von zwölf Wochen.

– meine Mutter ist unheilbar erkrankt

Bei meiner Rückkehr aus Münsterschwarzach erhielt ich die Nachricht, daß meine Mutter unheilbar erkrankt sei: »Krebs.«

Sie hätte noch einige Wochen oder einige Monate zu leben. Die Aufnahme in ein Krankenhaus und eine Operation sei nicht mehr angebracht. Die Familie entschied, daß meine Mutter bei mir im Pfarrhaus bleiben und dort versorgt werden sollte – das würde sie am liebsten haben und so würde sie nichts von der Unheilbarkeit ihrer Krankheit merken.

Von nun an wollte ich alle Abende mit meiner Mutter verbringen. Ich ging zu keiner Versammlung mehr, weder innerhalb noch außerhalb der Pfarrei. Das wichtigste in meinem Leben war jetzt: mich von meiner Mutter zu verabschieden und ihr noch alles Mögliche zu geben, was ihr das Leben erleichtern könnte.

Am 11. August 1999, am Tag der Sonnenfinsternis in Westeuropa, zog ich ins neue Pfarrhaus um. Auch die Sachen meiner Mutter wurden dort in einem Zimmer eingeräumt. Denn in Gedanken zog sie mit um: Ich vereinbarte mit ihr, daß sie so bald als möglich zu mir kommen würde.

Inzwischen glaubte ich, mich von meiner Mutter verabschieden zu müssen: ich wollte mit ihr eines Tages über ›Leben und Tod‹ reden. Aber dieser Tag kam nicht:

Während der ganzen Zeit ihrer Krankheit brachte ich meiner Mutter jeden Abend die Heilige Kommunion; aber niemals kam es zu jenem erwarteten Abschiedsgespräch. Alle ihre Kinder und Enkelkinder sind stets um ihr Krankenlager versammelt gewesen. Doch sie ist heimgekehrt zu Gott wie jemand, der ein Zimmer wechselt: ohne Worte des Abschieds, so als ob sie bald wieder zurückkommen könnte und würde.

Am Tag ihres achtzigsten Geburtstags haben wir unsere Mutter beim Gesang des Magnificat wieder in Gottes Hände gelegt. Sie starb in ihrem Heimatdorf, wie sie es sich immer gewünscht hatte, und in ihrer Taufkirche war ihre Auferstehungsfeier. Schöner hätte sie nicht heimkehren können.

– es ist kein Neuanfang möglich ohne Trauerarbeit und Verab-schiedung

Mit dem Tod meiner Mutter starb auch meine Kindheit in mir. Endlich war meine Neugeburt möglich. Doch in der Trauer-arbeit kam auch mein Vater wieder zu mir. Während zwölf Jah-ren hatte meine Mutter alle Sachen meines verstorbenen Vaters im Haus behalten. Sie sagte immer: Dies müsse alles so blei-ben, ich dürfe nichts berühren oder verändern. Dadurch hat-ten sie und ich uns niemals von meinem Vater verabschieden können. Diese Trauerarbeit mußte ich jetzt nachholen. Das war genauso wichtig wie meine Trauerarbeit um meine Mutter.

›Trauerarbeit‹ um meine Eltern hieß unter anderem, mich von den zwanzig Jahren, in denen meine Eltern bei mir ge-wohnt hatten, zu verabschieden. Und das bedeutete auch ganz praktisch: mich von den Dingen zu trennen, die sich während dieser Zeit angesammelt hatten.

Der Abschied von meinen Eltern fiel mir sehr schwer. Meine Gefühle wirbelten herum und brachten mich durch-einander. Hinzu kam noch eine dritte Trauerarbeit: Ich sollte mich von meiner eigenen ersten Lebenshälfte verabschieden. Mein altes Leben war mit dem Tod meiner Mutter und durch meine ›Recollectio-Zeit‹ gestorben. Den jungen Kaplan und Pfarrer gab es nicht mehr: nach Münsterschwarzach gab es einen neuen Simon. Doch die Erinnerungen an den früheren Kaplan und Pfarrer waren noch da: seine Andenken, seine Kleider und Möbel aus 30 Jahren als Priester. Ich wollte am liebsten alles behalten und ins neue Pfarrhaus mitnehmen. Meine Mutter hatte immer gesagt: »So etwas gehört in deinen Schrank, das wirst du doch nicht weg tun. Deine Kinder-, Jugendzeit und ersten Priesterjahre solltest du doch in dei-nem Schrank behalten.«

So stand für mich eine dreifache Trauerarbeit an: Ich mußte mich von meiner Mutter und meinem Vater und von meiner Kindheit und ersten Lebenshälfte verabschieden.

Meine nähere Umgebung konnte jedoch nicht verstehen, warum mir das so schwer fiel. Anfang Oktober sagten viele aus der Gemeinde und auch meine Familie zu mir: »Jetzt kannst du neu anfangen, der Abschied ist vorbei.«

Doch der Abschied war nicht vorbei! Ich mußte meine Trauer und meine Tränen zulassen. Ich brauchte Zeit dafür. Meine Trauer nahm mich mehr in Anspruch, als ich es erwartet hatte. Ich mußte mein Herz wirklich durch meine Tränen reinigen lassen, durch die Tränen um meine Mutter und meinen Vater, aber auch um mein vergangenes Leben und meine eigene Kindheit.

– das Wiedersehen mit meiner ›Recollectio-Gruppe‹ und die Frage: «Worauf wartest du?»

Im Dezember 1999 gab es das erfreuliche Nachtreffen und Wiedersehen unserer Recollectio-Zeit-Gruppe. Fast schon unglaublich, stand bei meiner Anreise am 16. Dezember 1999 schon wieder ein Regenbogen über Münsterschwarzach, zum dritten Mal. Nein, dies war kein Zufall mehr: »Was bedeutet das für mich?« fragte ich mich ...

An jenem Tag, eine Woche vor Weihnachten, fühlte ich mich schrecklich müde. Doch unsere neue Begegnung würde mir sicher neue Kraft schenken, so glaubte ich. Alle Kursmitglieder unserer Übungsgemeinschaft waren wieder da, außer den zwei Missionarinnen. Es war gut, wieder einmal zusammen zu sein. Sofort waren auch wieder all unsere Erinnerungen ganz gegenwärtig. Und jeder hatte auch diesmal wieder sein eigenes ›Gepäck‹ des Jahres ›Eins‹ nach unserer ›Reco-Zeit‹ mitgebracht.

Wir hatten Gruppen- und Einzelgespräche, Zeit für Heilenden Tanz und zum Plaudern. Ich hatte einen Videoband über unsere gemeinsamen zwölf Wochen gedreht und hatte ihn mitgebracht. Damit wollte ich helfen, unsre Erinnerungen wieder wachzurufen, die so wichtig für unsere Glaubens- und Seelengeschichte waren.

Als ich in den Gesprächen, von meinem gerade vergangenem Jahr erzählte, fragte mich Dr. Müller ein zweites Mal: »*Worauf wartest du, um neu anzufangen?*«

Ich hatte darauf nur eine Antwort: »Ich muß mich noch immer von Mutter, Vater und meiner Kindheit und ersten Lebenshälfte verabschieden.« Im Gruppengespräch sprach ich auch über meine Müdigkeit und Trauer. Da ermutigte mich Pater Anselm dem Schmerz dieses Abschieds und der Trauer nicht auszuweichen. »Laß diesen Schmerz zu, denn dadurch wird auch deine Liebe gereinigt und du wirst dich einst im Himmel mit ihnen wieder vereinigen können.«

Müde, doch ermutigt, kehrte ich nach Weihnachten in meine Gemeinde zurück.

Anfang des Jahres ›Zwei‹ nach Münsterschwarzach.

– meine Trauer raubt mir alle Kraft

Weihnachten 1999 erlebte ich sehr müde. Ich war niemals so allein gewesen und mein Herz war schwer. Es war das erste Fest in meinem Leben, das ich ohne meine Eltern verbringen mußte. Am Silvesterabend konnte ich nichts essen und in der Nacht kein Auge zutun. Am Neujahrstag, während der ersten Heiligen Messe des neuen Jahres, brach ich am Altar zusammen und konnte meine Messe nicht beenden. Völlig erschöpft und leer ging ich ›zu Grunde‹. Der Arzt konnte nur Erschöpfung bestätigen und viel Ruhe verordnen. »Sie haben eine Krankheit für die es kein Heilmittel gibt«, sagte er: »Chronisches Ermüdungs-Syndrom.« Tage-, Wochen-, ja fast zwei Monate lang mußte ich jeden Tag viele Stunden ruhen. Ich war ständig müde und konnte während der langen Nächte doch nicht schlafen.

– zu müde zum Sterben

Ich war ohne Lust am Leben. Alles war mir zu viel. Ich war sogar zu müde zum Sterben. »Laß mich in Ruhe«, mußte sich jeder anhören, der sich um mich bemühen wollte. Ich plante, eine Reise zu machen, um meine Trauer zu verarbeiten und meine Schweizer Freunde wieder aufzusuchen. Aber mein Hausarzt, ein Homöopath, sagte: »Du darfst nicht gehen, du bist zu müde, da könnte dich unterwegs die Müdigkeit überfallen und etwas passieren. Zudem bist du jetzt viel zu pessimistisch. Du bleibst besser hier in der Nähe bis wir ein Mittel gefunden haben, das dir hilft, mit deiner Krankheit umzugehen.«

Ich empfand, was der Wüstenvater Evagrios Pontikos schon im vierten Jahrhundert ›Akedia‹ genannt hatte: die ›Angst des Herzens‹ – ›anxietas cordis‹ wie sie Cassian genannt hatte. Sie hatte mich noch schrecklicher überfallen und im Griff als jemals während der sieben Jahre vor meiner Recollectio-Zeit.

Ich empfand einen Überdruß, der mir meinen Leib, meine Gefühle und meine Seele zu zertrümmern schien. Ich existierte nur noch mit dem Tod vor Augen; ich war erlahmt und sah nur im Sterben einen Ausweg. Man hatte mir gesagt, daß es keine Medikamente für diese Müdigkeit gäbe: »Du mußt damit leben lernen und deinem Leib gehorchen.« Ich wollte nur noch alles aufgeben. Mein Alltagsleben und meine Arbeit wollte ich ganz vernachlässigen.

Die Sonne stand ganz tief hinter mir, und meine Schatten waren dadurch zu groß: Ich konnte nicht mehr über meinen Schatten springen. Ich rief meine Freunde an und ging sie weinend besuchen, doch ich konnte nicht schlafen und fand keine Ruhe. Ich eilte für ein therapeutisches Gespräch zu Fuß zu meinem Supervisor, da ich Angst hatte, mit meinem Auto zu fahren. Der ›Dämon der Mittagshitze‹ (›diabolus quae vastat meridie‹, Psalm 91,6) hatte mich, mehr als je zuvor im Griff. Ja, nochmals: Ich fühlte mich wirklich sogar zu müde zum Sterben.

Endlich der Ausbruch.

– »Glückliche Tiefe! Was für eine Chance, so tief gesunken zu sein!«

Ich wollte ausbrechen. Ich verfluchte mein ›Cella est Coelum‹ (meinen ›Lob der Zelle als meinen Himmel‹, wie es die alten Mönchen getan hatten), verfluchte sogar meine Geburt. Zu meinem Glück hatte ich einige Freunde, Brüder und Schwestern im Herrn, welche mich nicht loslassen wollten. Ich konnte sie zu jeder Tages- oder Nachtzeit anrufen. Sie redeten auf mich ein. Sie beteten mit mir und für mich. Ich suchte geistliche und psychische Beratung. Unterstützung aus meinem Berufsumfeld, von Vorgesetzten war nicht zu erwarten, und diese gab es auch nicht. Eine neue Recollectio-Zeit war unmöglich.

Eines Tages, es war am 3. Februar, sagte ich in einem Gespräch mit einem Freund, der Mönch in einer Abtei ist: »Es ist als ob ich zwei Personen in meiner Brust habe. Der eine will etwas Gutes tun, und der andere sagt immer: ›Es ist nicht gut! Sei vorsichtig!‹ Ich glaube ich habe ein zu starkes Über-Ich. Es ist fast wie Paulus sagt: ›Das Gute, das ich tun will, tue ich nicht, und das Böse, das ich nicht tun will tue ich doch.‹ Immer bin ich unzufrieden und unglücklich über alles, was ich denke, sage oder tue. Und dies macht mich so müde.«

Wieder einige Tage später, es war der 9. Februar, ich weiß es noch genau, entdeckte ich in einer Buchhandlung einige Bücher, die zu meiner Situation zu passen schienen: eines über das Ermüdungssyndrom – *Te moe om te sterven* (*Zu müde zum Sterben*) – ein anderes Buch hieß*: Verander uw brein, verbeter uw leven* (*Ändere dein Gehirn (deine Art zu denken), verbessere dein Leben*), und ein drittes: *Afscheid nemen, loslaten wat dierbaar is* (*Abschied nehmen. Loslassen was (mir) lieb/wertvoll/teuer ist.*)

Das war der Wendepunkt: An dem Tag, an dem ich die Bücher fand, ich weiß es noch genau, es war der Vormittag des 15. Februar und es regnete, fing ich sofort an sie zu lesen. Das Buch *Zu müde zum Sterben* las ich an jenem regnerischen Nachmittag in einem Zug durch. Gegen Ende des Buches kamen mir die Tränen und ich fing an zu weinen. Ich suchte Trost, und wollte andererseits auch mir selbst Trost geben. Ich rief meine Schwester an und redete darüber, fand jedoch keine Ruhe. Unter Tränen rief ich zu Gott: »Warum hast Du mich verlassen?«

In der Nacht konnte ich wieder nicht schlafen, und ich begann, auch die anderen Bücher zu lesen. Und da geschah es: auf einmal sah ich ganz klar, worauf es ankam. Ich sagte: »Du hast mich verlassen, aber du kannst es auch vollbringen!« Damit meinte ich: »Du kannst mich auch retten!«

Mein Notschrei war wie der Notschrei Jesu am Kreuz. Auch Er hatte zu Gott gerufen: »Mein Gott, mein Gott, warum hast du mich verlassen?« (Markus 15,34) Er sprach damit die Anfangsworte von Psalm 22. Er betete aber den ganzen Psalm und auch das Schlußwort, indem Er sagte: »Alles hast Du (Gott) vollbracht: Du kannst es auch vollbringen!« – Ebenso hatte auch ich anschließend an meinen ersten Notschrei den letzten Vers von Psalm 22 ausgesprochen, genau wie damals Jesus am Kreuz, und konnte wie er auf einmal den letzten Vers dieses Psalms sagen: »Du hast es vollbracht.« (Vgl. Psalm 22,32; Johannes 19,30)

Diese Bewußtwerdung war wie eine Erlösung, ein Durchbruch. Eine Hingabe und ein ›Mich-Loslassen‹ in Gottes Hand – ich sagte:

> *»Ja, ich bin zu müde, um zu sterben (meine Schatten).*
> *Aber nicht zu müde, um zu leben (meine Freude).*
> *Und ich werde leben, bis Du es vollendest, mein Gott!«*

Es war der Tag meiner definitiven Auferstehung und der ›Gottesgeburt‹ in mir: die *Annahme* meiner Schatten- und meiner Freudenseite. Ich wurde frei vom Zwang meines ›Über-Ich‹ und bekam eine Gegenstimme, wie in der ›Transaktionalen Analyse‹: Meine ›Eltern‹, das ›Kind‹, und der ›Erwachsene‹ in mir kamen ins Gleichgewicht. Alles, was ich während meiner Recollectio-Zeit erkannt hatte und während des ersten Jahres danach nicht erfüllen konnte, war mir auf einmal möglich:

Ich kam dazu an meinem dreifachen Abschied zu arbeiten. Ich konnte beim nächsten Gespräch mit meinem Supervisor neue Ziele bestimmen, planen und entscheiden. Leib, Gefühle und Geist kamen endlich in Einklang. Ich nahm mich jetzt endlich an, wie ich bin und wußte: »So nimmt Gott mich an.« Ich konnte wieder mit Raum und Zeit umgehen: Ich konnte ›aufräumen‹ und ›verabschieden‹. Zum ersten Mal seit vielen Jahren kamen sogar wieder mein Beruf und mein Privatleben in ein Gleichgewicht.

Wie lange hatte ich kein Privatleben mehr gehabt: keine Ruhe, keine Entspannung, keine Kulturerlebnisse?

Weg waren meine existentielle Depression und meine jahrelange Akedia, meine fehlende Lust am Leben; weg die Gedanken über meine Dienststelle, von der ich immer sagte: »Love it, leave it, or change it!« – »Liebe was du tust. Wenn das nicht gelingt, verlasse es, oder, wenn du das nicht willst oder kannst, dann ändere es.« Und ich sagte zu mir: Endlich kann ich ändern und verwandeln, was ich nicht verlassen konnte und neu zu lieben gelernt habe. Denn auf einmal lernte ich mich einzuschränken und »im Heute zu leben«: »Vivre l'aujourd'hui de Dieu«, wie Roger Schutz von Taizé sagt. Ich konnte auf einmal mein Leben und meinen Beruf wieder lieben.

So sagte ich, froh über das Geschenk und die Gnade des Lebens und meiner Berufung: »Ich werde versuchen, von neuem ein guter Pfarrer zu werden.« So wie damals, als ich als junger Priester meine ›erste Liebe‹ für Gott und meine Mitmenschen darbrachte.

Auf einmal kann ich mein Haus und mein Leben neu organisieren. Ich lebe ruhiger und kann sogar das Leben genießen. Auf einmal kann ich auch wieder malen und Gedichte schreiben und nehme mir Zeit dazu. Ich bin überzeugt, daß ich bald wieder in der Lage bin, auf Menschen zuzugehen und Türen zu öffnen. Ich werde bald, wie zu Beginn meines Priesterlebens, wieder als Priester Menschen führen und zu neuem Leben wecken. Ich meditiere wieder, stehe sonntags früh auf, und sage: »Mir geht es gut, meine Arbeit könnte von Zeit zu Zeit besser verlaufen.«

Ich genieße ganz neu die Nähe meiner Familie, meiner Freunde und meiner Gemeindearbeit. Mit Freunden gehe ich ein Bier trinken und wandern: Wie lange ist es her, daß es so etwas gegeben hat? Seit langer Zeit sind in diesem Jahr meine Ferien wieder ein echtes ›Loslassen‹ und keine Flucht vor meiner Arbeit. Mit einer kleinen ›Spirit-Gruppe‹ habe ich Ende August beglückende und Kraft schenkende Exerzitien in einer Abtei erlebt.

Innerhalb und außerhalb meiner Gemeinde verrichte ich in Freude und Zufriedenheit meinen Dienst. Ich stelle mich den Anforderungen – das heißt, ich stelle mich ihnen, wenn es nötig ist, auch entgegen – und sage: »Ich bin Ich, und Du bist Du«, wie mich Dr. Müller beim Abschied vom Recollectio-Haus im Jahr 1998 ermutigt hat, es zu tun. Endlich kann ich also auch meine Grenzen setzen und meine Grenzen annehmen, damit ich meine Seele nicht wieder – wie vor Münsterschwarzach – verliere. Ich suche nach einer Organisations-Beratung (Coaching), will meine Supervision weiterführen und bin wirklich glücklich über meine kleine ›Spirit-Gruppe‹. Diese sehe ich jetzt als den Anfang jener ›Spiritualitätsgruppe‹, die ich mir nach meiner Rückkehr so sehnlichst erwünscht hatte.

Endlich lebe ich achtsam und bewußt den heutigen Augenblick: »*Wenn ich gehe, dann gehe ich. Wenn ich sitze, dann sitze ich. Wenn ich esse, dann esse ich. Wenn ich ruhe, dann ruhe ich.*« Ich will nicht mehr angekommen sein, während ich noch gehe, nicht schon wieder stehen, solange ich noch sitze, nicht wieder an die Arbeit gehen, während ich esse, oder an meine Arbeit denken, wenn ich ruhe. Diese Gedanken von Buddha aus unserer täglichen Leibarbeit im Recollectio-Haus kommen mir jetzt täglich, wenn ich versuche, neu den ›Weg der Achtsamkeit‹ mit Gott und meinen Mitmenschen zu gehen.

Oft begleitet mich am Morgen und am Abend in Gedanken ein Taïzé-Lied aus unserer gemeinsamen Recollectio-Zeit:

»Meine Hoffnung und meine Freude, meine Stärke, mein Licht:
Christus, meine Zuversicht, auf Dich vertrau' ich und fürchte mich nicht.
Auf Dich vertrau' ich und fürchte mich nicht.«

Wieder heimgekommen.

Was geschieht auf einmal seit Ostern 2000 und während der letzten Monate mit mir?

Vielleicht ist es dies, was jetzt geschieht: Ich komme endlich wieder heim. Nach vielen Jahren hat meine Seele endlich in mir eine neue Wohnung gefunden. Nach langer Zeit komme ich wieder zu mir nach Hause – und zu Gott in mir.

Ich bin sogar in einem Traum mit meinem Vater und meiner Mutter zusammen gewesen. Sie haben mich ermutigt meinen Weg zu gehen: und einmal werden wir uns in Gott wiedersehen, zusammen daheim sein können in Gottes Liebe.

Auf diesem Weg nach Hause sind meine Wunden, meine Ohnmacht und tiefste Akedia, meine anxietas cordis, meine größte Chance gewesen. Dadurch habe ich den Weg zu meiner Heimat neu gefunden. Dort, wo es weh getan hat, ich leer und voller Ohnmacht war, da ist gerade auch die Perle gewesen und war Gott ganz nahe.

Ich weiß, daß ich diesen Weg nach Hause noch lange zu gehen habe. Aber mein Weg ist mein Ziel: Schon ist die Beziehung zu mir selbst, zum Nächsten und zur Gemeinschaft, zur Schöpfung und Natur, zu Gott als Schöpfer, Erlöser und Geist der Liebe in mir so neu und Energie schenkend, wie es niemals in meinem Leben gewesen ist. Niemals war ich – auch nicht als Kind oder als Jugendlicher – so befreit und erlöst wie heute.

Wahrscheinlich werde ich noch zwei bis drei Jahre brauchen, um mein Lebenshaus wieder aufzubauen und meinen Acker neu zu bestellen. Ich werde noch ein ganzes Leben brauchen, um zuversichtlich meinen neuen Weg mit Leib, Gefühlen und Seele zu gehen. Aber ich habe das Land und die Stadt, wo ich für immer zu Hause sein werde, schon gesehen und begrüßt: genau wie damals die Aufklärer, welche Moses gesandt

hat (Numeri 13), und wie die Apostel, die Jesus auf den Weg
gehen ließ. Und wie Petrus und die Apostel vor dem Hohen
Rat sage ich: »Non possumus non loqui«, ich kann nicht darüber reden: »Wir können unmöglich schweigen über das, was
wir gesehen und gehört haben.« (Apostelgeschichte 4,20) Wie
›der gesiebte Simon‹ zu Einkehr und Umwandlung gekommen,
zu ›Petrus‹ geworden ist, so kann auch ich unmöglich schweigen über das, was ich erlebt habe, seit ich zur Einkehr gekommen bin.

Gott sei Dank.

Freunde und Menschen aus der Gemeinde sagen mir jetzt, wenn
sie mich sehen:

»Du siehst gut aus, wie neu geboren.« Darüber freue ich
mich sogar jetzt noch immer wieder – über diese Aussage und
dieses Geschenk. Früher, selbst vor der dunklen Zeit, die meinem Recollectio-Aufenthalt vorangegangen war, konnte ich
mich nie über solche Komplimente freuen und sah statt dessen
immer nur das, was noch zu verbessern war.

Nun antworte ich immer:

»Ja, es geht mir gut,
ich fühle mich neu:
Gott sei Dank!«

Ruthard Ott

Alt werden in einer Gemeinschaft – alt werden als Gemeinschaft

Das Leben vollzieht sich im Prozeß des Werdens und Vergehens – oder wie der Prediger im Alten Testament schreibt: »Alles hat seine Stunde. Für jedes Geschehen unter dem Himmel gibt es eine bestimmte Zeit: eine Zeit zum Gebären und eine Zeit zum Sterben, eine Zeit zum Pflanzen und eine Zeit zum Abernten der Pflanzen.« (Kohelet 3,1–2) Einem jeden von uns ist dieser Weg von Gott aufgegeben.

Von daher überrascht es nicht, wenn das Altwerden in einer Ordensgemeinschaft ältere und jüngere Ordensmitglieder, die ins Recollectio-Haus kommen, in gleicher Weise existentiell beschäftigt. Die bei den vielfältigen persönlichen Begegnungen und psychotherapeutischen Einzel- und Gruppengesprächen mit Ordensangehörigen gemachten Erfahrungen stehen im Hintergrund der Thesen zum Altwerden. Eigene Beobachtungen bei der supervisorischen Arbeit in und mit Konventen ergänzen das Bild.

Halten wir uns vor Augen, wie sich das Altwerden des einzelnen in einer Ordensgemeinschaft bzw. das Altwerden einer Gemeinschaft vollzieht und was dabei zu beachten ist, dürfen wir immer auch unser eigenes Altwerden in den Blick nehmen, unabhängig davon, ob wir in einer Ordensgemeinschaft, in einer Familie oder allein leben. Denn vieles, was für religiöse Gemeinschaften gilt, gilt auch darüber hinaus.

Für unsere Gesellschaft gilt insgesamt: Wir leben in einer ›graying world‹, in einer ergrauenden oder grau werdenden Welt. Während in der griechischen Antike die Lebenserwartung eines

Neugeborenen bei 20 Jahren lag und selbst 1875 in Deutschland lediglich 35 Jahre betrug, liegt sie heute im Durchschnitt für Männer bei 75 und für Frauen bei etwa 80 Jahren. Mehr als ein Viertel der Bevölkerung hat derzeit bei uns die Altersgrenze von 60 Jahren überschritten.

Die gesellschaftliche Alterspyramide wird von vielen Ordensgemeinschaften übertroffen. Ordensleute – so kann man feststellen – leben länger, und manche Gemeinschaften wären froh, würde der Anteil der Jüngeren unter 60 bei einem Viertel liegen.

Die Weltgesundheitsorganisation (WHO) schlägt folgende Sprachregelung für die Altersaufteilung in der zweiten Lebenshälfte vor: Sie spricht von den älteren Menschen, den Senioren (60–75jährigen), von den alten Menschen (75–90jährigen), von den sehr Alten oder Hochbetagten (den über 90-jährigen) und schließlich von den Langlebigen (den über 100jährigen). Für Ordensgemeinschaften gibt es eine solche Zuordnung nicht. Wenn wir die Sprachregelung der WHO zu Grunde legen, können wir von einer ›Seniorengemeinschaft‹ oder von einer ›alten Gemeinschaft‹ sprechen, je nachdem ob der Altersdurchschnitt zwischen 60 und 75 oder darüber liegt.

Die verschiedenen Faktoren, die zur Erhöhung der Lebenserwartung führen, sind vielfältig und hinreichend bekannt. Die Kunst, älter zu werden, ohne zu altern, und die Suche nach Mitteln und Wegen, ein hohes Lebensalter bei seelisch-körperlichem Wohlergehen zu erlangen, beschäftigt die Menschheit von Anfang an.

Denken wir an die lebensverlängernde Kraft des sagenumwobenen Jungbrunnens, der uns in Märchen, Mythen und Fabeln begegnet und von manchen berühmten Malern dargestellt wurde, oder an diverse Wundermittel, die im Alter ewige Jugend und Spannkraft schenken sollen. Die Hauptursachen für die steigende Lebenserwartung sind vor allem im erfolgreichen ärztlichen Bemühen, in der medizinischen Kunst zu sehen sowie in der Verbesserung der Lebensbedingungen und der bewußteren individuellen Lebensführung.

Andererseits läßt sich das Altern nicht aufhalten. Verschiedene Faktoren begünstigen den Altersabbau; Inaktivität, das Gefühl, nicht mehr gebraucht zu werden und keine Aufgaben mehr zu haben, beschleunigen den Altersprozeß. Sportliche Betätigung, geistig kulturelle Interessen, Weiterbildung und kreative Tätigkeiten halten jung, wie der Volksmund so schön sagt: »Wer rastet, der rostet.«

Die Schöpfungsordnung sieht vor, daß wir älter werden. Älterwerden vollzieht sich in körperlichen und seelischen Veränderungen und ist häufig verbunden mit einer erhöhten Anfälligkeit für Erkrankungen, die ihrerseits wiederum den Altersprozeß beschleunigen können.

Denken wir

- an den Anstieg des Blutdrucks im Alter mit der Gefahr eines Schlaganfalles,
- an die Zunahme des Blutzuckers mit den verschiedenen körperlichen und seelischen Beeinträchtigungen,
- an die Zunahme von Atemwegs- und Lungenerkrankungen im Alter,
- an die Osteoporose, die zu vermehrten Knochenbrüchen (Oberschenkelhalsbruch) führt,
- an die Beeinträchtigung der Sinnesorgane durch altersbedingte Gehörleiden und die Abnahme der Sehkraft (Presbyakusis, grauer Star),
- an die Arteriosklerose,
- an die Häufung der Arthrose,
- an die Vergrößerung der Prostata bzw. Mißbildungen in der Gebärmutter,

- an zunehmende Stoffwechselstörungen,
- an die verminderte Belastbarkeit und Fähigkeit des Organismus, Streß zu kompensieren.

Trefflich heißt es in einem Wort von Lord Samuel: »Man kann nichts dagegen tun, daß man alt wird, aber man kann sich dagegen wehren, daß man veraltert!« Und Gertrud von Le Fort meint: »Das Altern ist wie eine Woge im Meer. Wer sich von ihr tragen läßt, treibt obenauf. Wer sich dagegen aufbäumt, geht unter.«

Sich auf das Altwerden in einer Gemeinschaft vorbereiten heißt, die Schwestern und Brüder als die entdecken, mit denen ich zusammenleben werde und die ich brauche.

Eine wesentliche Voraussetzung für eine lebendige und zufriedene Gemeinschaft ist die Anerkennung des seelischen Grundbedürfnisses nach Zugehörigkeit und mitmenschlichem Kontakt. Jeder Mensch sehnt sich im Tiefsten seiner Seele danach, beheimatet zu sein, dazuzugehören und einen Platz zu haben. Je älter wir werden, um so stärker meldet sich diese Sehnsucht – selbst wenn man als spiritueller Mensch weiß, daß die eigentliche und letzte Heimat bei Gott ist.

Die ›peregrinatio Christi‹, die ›dauerhafte Wanderschaft zu Gott hin‹, die mit einer gewissen irdischen Heimatlosigkeit verbunden ist, ist für Ordensleute ein hohes Gut. Sie scheinen auch bestens gerüstet zu sein, was den mitmenschlichen Kontakt und die gegenseitige Hilfe anbelangt, wenn das Alter dies erfordert. Haben sie sich doch bewußt für ein Gemeinschaftsleben entschlossen und eingebracht. Doch das Ernten der Früchte im Alter in Form der Fürsorge der Gemeinschaft und Versorgung durch die Jüngeren scheint in Ordensgemeinschaften auch nicht einfacher zu sein als im weltlichen Leben.

»Bis ihr grau werdet, will ich euch tragen«, heißt es in Jesaja 46,4. Es handelt sich um die Zusage Gottes, den Menschen zeitlebens nicht fallen zu lassen – um eine spirituelle Aussage, die in der Alltagssituation eines Konvents oder einer religiösen Organisation gar nicht so leicht zu verwirklichen ist. Immer wieder beklagen ältere Ordensfrauen und -männer, daß sie sich innerlich allein und unverstanden fühlen, manchmal auch einsam und verlassen. Nach außen aber wirken sie eher unauffällig und anspruchslos. Es scheint so, als würde ihnen nichts fehlen, zumal sie unauffällig am Konventsgeschehen teilnehmen. Die Sozialpsychologie nennt dieses Phänomen ›loneliness in the crowd‹. Wie kommt es zur ›Einsamkeit in der Gemeinschaft‹? Die Ursachen sind vielschichtig. Sie liegen hauptsächlich in einem von Zurückhaltung geprägten Gesprächs- und Kontaktstil und im Einzelfall auch in negativen früheren Gemeinschaftserfahrungen, die noch nicht verarbeitet und verziehen sind. Manchmal ist auch eine Entwicklung anzutreffen, die wir aus dem Familien- und Ehealltag kennen. Je länger Menschen in einer Gemeinschaft zusammenleben, um so kürzer sprechen sie miteinander und um so ärmer werden die Gesprächsthemen. Da in den meisten Ordensgemeinschaften zudem das Schweigen eine besondere Bedeutung hat, kann die Tendenz des Rückzugs und der Vereinsamung noch verstärkt werden.

Wir wissen, daß der erwachsene Mensch selten auf Vorrat hin lernt. So kann es geschehen, daß der einzelne im Laufe seines Daseins in der Gemeinschaft zu wenig beachtet, daß er die anderen braucht und auf sie angewiesen ist. Er unterläßt es, persönliche Kontakte zu pflegen und sich anderen gegenüber zu öffnen. Im Verhältnis des einzelnen zur Gemeinschaft gibt es ähnlich wie in anderen Alltagsbeziehungen dynamische

Verläufe und Entwicklungen. Wir sammeln Erfahrungen und finden heraus, mit wem wir auf einer Wellenlänge liegen, wo wir etwas sagen können und wo nicht. Verletzungen, Enttäuschungen und Ernüchterungen – gerade im Zusammenhang von negativen Erfahrungen mit Vorgesetzten während der Ausbildung und bei Versetzungen – führen dazu, daß man sich zurückzieht und einigelt. Man vermeidet die Teilnahme an der Rekreation, weicht persönlichen Begegnungen aus und baut um sich herum eine eigene Welt auf, in die man niemanden hineinläßt. Eine Tendenz, die gerade in Männergemcinschaften zu beobachten ist. Manch ein Oberer kennt diese Entwicklung.

Andere identifizieren sich zu stark mit ihrem Auftrag und der beruflichen Aufgabe. Sie entwickeln sich dadurch zu einem Pionier und zum Überlebenskünstler. Gelegentlich werden sie selbst zu einer ›Institution‹. Sie vergessen, die Mitbrüder als die zu entdecken, die sie im Alter brauchen werden – nicht nur zur zwischenmenschlichen Korrektur, sondern auch für den menschlichen Kontakt und zur alltäglichen Unterstützung.

Gelegentlich verhindern persönliche Kränkungserfahrungen, die zum Teil bis in die frühe Kindheit zurückgehen, daß rechtzeitig innergemeinschaftliche Freundschaften aufgebaut und bewußt gepflegt werden. In vielen Ordensgemeinschaften wurden in der Vergangenheit auch Freundschaften zwischen den einzelnen behindert oder sie waren gänzlich unerwünscht. Nur wenige ältere Ordensangehörige suchen und beauftragen rechtzeitig einen ›amicus aegrotus‹ bzw. eine ›amica aegrota‹, eine Person, die sich in der Krankheit und Gebrechlichkeit ihrer annimmt und mit der sie all das regeln und besprechen können, was angesichts des Abschieds geregelt und besprochen werden muß.

Wenn wir die Kursteilnehmer im Recollectio-Haus die fünf wichtigsten Beziehungen malen lassen, stellen wir häufig fest, daß nicht wenige Ordensleute ihre bedeutsamste Beziehung außerhalb der Gemeinschaft suchen und finden. Ein Ordensmann beschreibt wie er sein Leben gestaltet: »Im Kloster habe ich zwar meine Arbeit und Aufgabe – beruflich läuft mir da genug – aber menschliche Beziehungen habe ich da keine. Dafür gehe ich eher auswärts zu meinen Berufskollegen und zu befreundeten Familien. Dort fühle ich mich wohl. Überhaupt mag ich es nicht so eng.« Es entstehen Spannungen, wenn die für die zwischenmenschliche Ebene wichtigen Beziehungen überwiegend außerhalb gesucht werden. Denn leicht spaltet sich die Wirklichkeit in die guten und interessanten Freunde, Kollegen und Zielgruppen draußen und die schwierigen Personen im Konvent.

Was passiert aber, wenn ich altersbedingt stärker auf die eigenen Mitschwestern und Mitbrüder angewiesen bin? Wird nicht ein entgegenkommendes Interesse an der Gemeinschaft und an den Mitbrüdern eingeübt und eingebracht, wird nicht durch Krisen hindurch der Wert der eigenen Gemeinschaft und der Mitbrüder erkannt und geschätzt, dann darf man sich nicht wundern, wenn wenig persönliche Anteilnahme von Seiten der anderen erfolgt. In dieser Hinsicht unterscheiden sich Ordensgemeinschaften kaum von Familien und Partnerschaften.

Bei Frauengemeinschaften erschwert ein anderer Aspekt das Altwerden in der Gemeinschaft. Entsprechend dem Auftrag, in der Hingabe und Fürsorge für andere am Aufbau des Reiches Gottes mitzuarbeiten, fällt es manchen älteren Ordensfrauen schwer, zu ihrem eigenen Angewiesensein zu stehen. Wird die persönliche Bedürftigkeit als ein Zeichen von Schwäche betrachtet, entsteht leicht bei den Mitgliedern der Gemeinschaft ein Schuldgefühl, manchmal auch Ärger und Zorn, weil sich jemand, obwohl es notwendig wäre, nicht helfen lassen kann und will. Manch ein Konvent lebt von ›altruistischen Abtretungen‹

und teilt sich gleichsam in zwei Lager. Frauen, die sich bis zur Selbstaufgabe um ihre Mitschwestern kümmern und andere, die sich nur noch als bedürftig sehen und ihre Selbständigkeit zu früh aufgeben. Eine jüngere Ordensfrau: »Bei uns in der Gemeinschaft gibt es zwei Arten von Schwestern. Die einen sind ständig mit der Arbeit beschäftigt, und die anderen mit ihrer Krankheit. So möchten wir Jüngeren nicht leben.«

Alt werden in einer Gemeinschaft wird erleichtert, wenn ich die Schwestern und Brüder als die entdecke, die mich brauchen.

Gelingendes Zusammenleben in einer Gemeinschaft setzt voraus, daß der einzelne bereit ist, sich selbst einzubringen. Mitglieder von diakonischen Gemeinschaften geraten manchmal in Gefahr, dem achtsamen und fürsorglichen Umgang in der eigenen Gruppe nicht genug Bedeutung beizumessen und ihn zu vernachlässigen. Das Gespür für die unmittelbare Nächstenliebe und Zuwendung zu den Mitmenschen vor Ort geht angesichts der großen Not und Bedürftigkeit der Zielgruppen verloren. Aber auch der Allernächste braucht Achtsamkeit, Wertschätzung, Entgegenkommen, Aufmerksamkeit und Unterstützung – und zwar im realen zwischenmenschlichen Alltag. Bin ich mir bewußt, daß die anderen Schwestern und Brüder mich brauchen, setzt das bei mir Phantasie und Kreativität frei, die mir helfen, das Zusammenleben der Gemeinschaft im Alltag positiv mitgestalten zu können. Ein jeder hat etwas zu geben und er soll es auch – unabhängig vom Lebensalter.

Die diakonische Lebensorientierung im Umgang miteinander hat Modellcharakter für die Gesellschaft. Dort, wo sie den Alltag einer alten Gemeinschaft prägt, spüren wir etwas von der befreienden und überzeugenden Kraft des Glaubens, da die klassischen Anspruchshaltungen, Erwartungen und gebotsorientierten Verpflichtungen zwischen den Generationen – denken wir zum Beispiel an das vierte Gebot – zugunsten einer gesunden Eigeninitiative und einer entgegenkommenden gegenseitigen Fürsorge in den Hintergrund treten. Gespräche darüber, wie man miteinander alt werden will und wie man sich gemeinsam unterstützen kann, tragen dazu bei, daß in Gruppen von relativ Gleichaltrigen die latent vorhandene Konkurrenz abgebaut wird und stattdessen mehr Zusammenhalt und Interesse füreinander geweckt werden.

Leben und arbeiten gleichzeitig verschiedene Generationen in einer Gemeinschaft zusammen, läßt sich der natürliche Generationenkonflikt nicht immer vermeiden. Trotz der gemeinsamen Zielvorstellung »Bei uns soll es nicht so sein« kommt es infolge verschiedener Übertragungsvorgänge und den damit verbundenen negativen Gefühlen zu Spannungen und Konflikten. Im Einzelfall sind sie schwer zu durchschauen, geschweige denn aufzulösen. Bei der Analyse solcher Konfliktsituationen zeigt sich bei den jüngeren Ordensmitgliedern häufig ein von Seiten eines Elternteils oder einer Autoritätsperson erfahrenes Desinteresse und Unverständnis, das sich in der Beziehung zu älteren Mitschwestern bzw. -brüdern wiederholt und belebt. Auf der Seite der Älteren findet man nicht selten unbewußte Neidgefühle auf die Jüngeren. Jene haben noch einen Großteil des Lebens vor sich. Um sie kümmern sich die Verantwortlichen nach Ansicht der Älteren wesentlich mehr als zu ihrer Zeit, da sie selbst jung waren. Und die Jüngeren nehmen sich ihre Freiheit. Eine Ordensfrau, Mitte 50: »Nichts war und ist abstoßender und deprimierender bei der Begegnung mit älteren Schwestern als das resignierende Jammern, das oft beim Stichwort ›Nachwuchs‹ losgeht: Die Jungen wollen alles anders. Sie wollen sich nicht mehr unterordnen, usw.«

Ein beständiges Zusammenleben von alt und jung unter einem Dach läßt sich nicht immer verwirklichen. Ich denke in diesem Zusammenhang an eine Oberin, die sich nach der Übergabe ihres Amtes an ihre Nachfolgerin eine Zeit lang räumlich von der Gemeinschaft trennte, um gleichsam in einem ›Austragshäuschen‹ eine neue Variante ihres Ordenslebens, nämlich die einer Eremitin, zu verwirklichen. Sie erkannte, daß sie ihrer Gemeinschaft am besten dienen kann, wenn sie dem Fortgang der Entwicklung nicht im Wege steht. Loslassen als Beitrag zu dem, was die Gemeinschaft braucht, ist ein großes Opfer.

Wir wissen aus eigener Erfahrung, was es heißt, den Platz freizumachen. Es ist menschlich verständlich, wenn altersbedingt resignierende Vorgänger unter der Amtsführung ihrer Nachfolger leiden und Veränderungen und Entscheidungen als Entwertung ihres Führungsstiles und ihrer Arbeit betrachten. Dennoch bleibt uns – im Kloster, in der Familie oder im Betrieb – der schmerzhafte Prozeß nicht erspart, der zur Erkenntnis führt, daß das Leben nicht beim Gestern verweilen darf und daß nicht alles beim alten bleiben muß. Innerer und auch äußerer Abstand können die Chance eröffnen, die Beziehung zum Konvent neu zu entwickeln und notwendigen Veränderungen nicht im Weg zu stehen. Auch ein zeitlicher und räumlicher Abstand kann ein Beitrag sein, um zu entdecken, daß die Gemeinschaft einen braucht und was sie von einem braucht. Wichtig scheint mir dabei nur, daß dieser Schritt besprochen und verabredet wird.

Alt werden in einer Gemeinschaft beinhaltet: Ich werde zusammen mit meinen Schwestern und Brüdern gebraucht, um uns als älter werdende Gemeinschaft zu erhalten, so lange es geht.

Gemeinschaften und Gruppen, die sich über Jahre hinweg den Herausforderungen einer Entwicklung verschließen und abkapseln, entwickeln sich leicht zu einem vor sich hin sterbenden System. Eine Ordensgemeinschaft, die gemeinsame Ziele entdeckt und sich für neu hinzu kommende Aufgaben öffnet, bleibt lebendig. Die gemeinsamen Ziele und Aufgaben fördern die Verbundenheit und setzen Energien frei. Was aber sind die gemeinsamen Ziele in einer älteren Gemeinschaft? Wie müssen die einstmals mehr nach außen gerichteten Aufgaben verändert, losgelassen und auf das jeweilig Machbare zurückgefahren werden?

Die Personen, die heute zur Gruppe der Senioren und Alten in einer Ordensgemeinschaft gehören, sind in einer Zeit eingetreten, als es starke Geburtsjahrgänge gab. Viel mehr Menschen als heute wählten den Ordensweg. Die Gemeinschaften erlebten eine Phase der Expansion und des Aufblühens. Das gemeinsame Ziel, die Mitarbeit am Aufbau des Reiches Gottes in den verschiedenen ordenseigenen Ausdrucksformen, konnte in einer Vielfalt von wachsenden Aufgabenfeldern verwirklicht werden. Es war eine Zeit, in der die ordenseigenen Gebäude mit Leben gefüllt waren. Neuniederlassungen gehörten zur Tagesordnung. Heute steht nicht nur der Einzelne, sondern die gesamte Gemeinschaft vor der Frage, wie der Auftrag verwirklicht werden soll, wenn zunehmend weniger Kräfte zur Verfügung stehen. Und die Frage »Was ist denn angesichts der knappen Personalsituation unser Auftrag heute?« stellt sich jeder Gemeinschaft dringender denn je.

Eine neue Zieldiskussion steht an. Eine Gemeinschaft muß herausfinden, was ihr unter Berücksichtigung der Personalstruktur und der Alterssituation heute möglich und aufgegeben ist. Die Devise heißt vielerorts Konzentration auf die Kernaufgabe, Rückzug und Abzug aus Tätigkeitsfeldern und Gebäuden, Abwicklung von Auflösungen – Abschiedsarbeit. Die dem Artikel nachgestellten ›Texte zum Nachdenken‹ greifen diese Herausforderung für eine Gemeinschaft, aber auch für jedes einzelne Mitglied auf. Es geht weniger darum, die Umbruchsituation zu verwalten, als sie zu gestalten. Und an diesem Prozeß sind die Betroffenen zu beteiligen, denn sie haben etwas zu sagen, sofern sie gefragt werden. Eine Schwester zum Thema ›Alt werden in einer Gemeinschaft‹: »In einer alt gewordenen und alt werdenden Gemeinschaft sind die Verantwortlichen verpflichtet, zu überlegen, wofür das Vermögen, das Angesparte, häufig den Schwestern Vorenthaltene und Abgezogene – wofür dies ausgegeben wird: nur für Bauten, die über kurz oder lang von nicht-klösterlichen Trägern übernommen werden, oder für kostspielige Kirchenrenovierungen. Ein anständiger Feierabend bzw. Ruhestand und Zu-Ende-Leben muß gewährleistet sein.«

Angesichts der alters- und organisationsbedingten Versetzungen bleiben persönliche Kränkungen und Verletzungen nicht aus. Sie müssen verarbeitet und häufig auch bearbeitet werden. Die Rückkehr in das Mutterhaus oder an den Alterssitz der Gemeinschaft und die damit verbundene stärkere Anbindung und Einbindung stimmt nicht immer zuversichtlich und hoffnungsvoll. In mehreren Gesprächen mit Ordensschwestern wurde mir bewußt, was es bedeutet, nach einer jahrzehntelangen Selbständigkeit altersbedingt in das Mutterhaus zurückgerufen zu werden. Der Anpassungsprozeß und die Umstellung an die neue Situation brauchen oft mehr Zeit als man zunächst glaubt. Eine Schwester äußerte, daß sie bei der Zusammenkunft im Refektorium den Eindruck gewinnt, sie sei in ein Altersheim versetzt worden. Eine andere Schwester sprach von einem Gefängnis, in das sie jetzt zurückgekehrt sei, und wo sie den Rest ihres Lebens verbringen solle.

Das Altwerden kann sowohl individuell auf der Ebene der Person als auch kollektiv auf der Ebene der Gemeinschaft verdrängt werden. Die unbewußte Intention »Wir dürfen nicht alt werden«, die sich auch in der Haltung ausdrückt, daß alles beim alten bleiben muß, führt einen aussichtslosen Kampf gegen die Veränderungsprozesse, die gemäß der Schöpfungsordnung auch vor klösterlichen Gruppen keinen Halt machen. Gerade in der Gemeinschaft wird sichtbar, daß außenstehende Ziele und Aufgaben nicht dauerhaft erfüllt werden können und daß viel Energie und Kreativität erforderlich sind, um die wichtigsten Alltagsfunktionen nicht aus der Hand geben zu müssen. Die zentrale Aufgabe einer Gemeinschaft mit überwiegend älteren und alten Schwestern und Brüdern ist die Gemeinschaft selbst, die Aufrechterhaltung der zum Alltag notwendigen Grundfunktionen. Alt werden heißt demnach auch, ich mache mir bewußt, daß ich mit den anderen zusammen gebraucht werde, um uns als Gemeinschaft Älterer bzw. Alter – so lange es geht – zu erhalten.

Alt werden in einer Gemeinschaft wird unterstützt, wenn sich der einzelne selbst annimmt wie er ist und lernt, fürsorglich mit sich selbst umzugehen.

In den meisten psychotherapeutischen Gesprächen mit Priestern und Ordensleuten können wir feststellen, daß sich der einzelne viel Zeit für seine Aufgabe und für andere nimmt, nur nicht für sich selbst. Das verinnerlichte Ideal des ständigen Im-Dienst-Seins und das Leben in der totalen Rolle lassen die Bedürfnisse der Person in den Hintergrund treten und verhindern häufig eine gesunde Selbstliebe. Die körperlichen und seelischen Grundbedürfnisse, das Selbstwertgefühl geraten dabei leicht in Gefahr, auf der Strecke zu bleiben. Begünstigt wird diese Haltung durch eine auf Leistung ausgerichtete Gottesbeziehung, die sich in dem tief sitzenden Eindruck äußert, auch vor Gott nicht genug zu tun.

Für viele Ordensleute begann das Noviziat bereits in der frühen Kindheit durch die Übernahme von Verantwortung und die Zurückstellung eigener Bedürfnisse. Und manche haben es bis ins Alter hinein nicht gelernt, sich selbst anzunehmen und im guten Sinn für sich selbst ›väterlich und mütterlich‹ zu sorgen.

Die beste Einübung und Voraussetzung für ein gelingendes Altern ist die gesunde Selbst- und Nächstenliebe, wie sie von Meister Eckehart beschrieben wird:

»Hast du dich selber auf die rechte Art lieb, so hast du alle Menschen lieb wie dich selbst.

So lange du einen Menschen weniger lieb hast als dich selbst, gewannst du dich selber nie wahrhaftig lieb.

Nur mit dem sich auf rechte Art selbst liebenden Menschen steht es gut, so daß er alle Menschen ebenso lieb hat wie sich selbst.«

Zur Selbstliebe und Selbstannahme gehört auch wesentlich die Aussöhnung mit dem zurückliegenden Weg. Untersuchungen bei alten Menschen zeigen, daß es für sie nicht so sehr belastend ist, daß sie gelebt haben und mit der Zeit auf dieses Leben verzichten müssen. Belastend ist vielmehr für den einzelnen, wenn er den Eindruck hat, daß er gerade nicht gelebt hat, nicht richtig, nicht ernst genug und nicht erfüllt genug. Belastend ist die Feststellung, überhaupt nicht gelebt und das Angebot des Lebens vertan zu haben, bevor es sich überhaupt erst entfalten konnte. Das trifft durchaus auch auf Ordensangehörige zu. Das nicht gelebte Leben klopft an und will angeschaut werden. Nicht von ungefähr spricht man landläufig von der ›dritten‹ Pubertät, in die Menschen zwischen dem sechzigsten und siebzigsten Lebensjahr hineinkommen, wenn längst beantwortete Fragen aufbrechen, fast vergessene Gefühle die Person überraschen und nicht geahnte Handlungen zutage treten.

Da ist die zweiundsechzigjährige Ordensfrau, die von sich sagt, sie sei zu alt, um gehen zu können. Mit vierzig hätte sie es tun sollen, aber damals hatte sie noch die Hoffnung, daß ihr Zweifel vorübergehe. Da ist der vierundsechzigjährige Ordensmann, der sich in eine junge Frau verliebt, die seine Enkelin sein könnte. Da ist der sechzigjährige Ordensmann, der nach heftigem Alkoholgenuß seinen Führerschein verliert. Würdigungsarbeit und Trauerarbeit ist zu leisten. Es geht um die Frage der Bestätigung des begonnenen Weges, es geht um die Anerkennung und Würdigung dessen, was ist und was zur persönlichen Bilanz dazugehört. Und es geht um die Aussöhnung mit dem ›Schatten‹ und das Betrauern des Nicht-Gelebten. Ordensleute, die ihr Leben Gott weihen, finden sich in guter Gesellschaft mit der Tochter des Richters Jiftach im Alten Testament (Richter 11,34–40), die sich Zeit nimmt, um ihre nichtgelebte Jugend zu betrauern und zu beweinen. Verdrängter Schmerz, verdrängte Trauer erschweren das Zusammenleben im Alter.

Alt werden in einer Gemeinschaft setzt die Bereitschaft voraus, die anderen anzunehmen, wie sie sind.

Wir neigen dazu, unsere Umgebung so einzurichten, daß wir uns wohlfühlen. Diese Intention zeigt sich unter anderem auch in der ständigen Bemühung, unsere nächsten Mitmenschen zu ändern. Wenn Menschen in unserer Umgebung Aspekte verwirklichen, die in uns selbst einen unbewußten und unmerklichen Kampf führen, laufen wir Gefahr, uns diesen Personen besonders intensiv zuzuwenden und sie zu ändern zu versuchen.

In einem Kleinkonvent auf einer Missionsstation entwickelte sich allmählich eine zunehmende Entfremdung zwischen zwei Mitschwestern, die zunächst ganz gut miteinander auskamen. Auslöser war das zunehmende Husten und Räuspern der einen Schwester, die altersbedingt an einer chronischen Bronchitis litt. Infolge der räumlichen Enge wurde das Husten und Räuspern am Morgen, das anfangs noch verständnisvoll ertragen wurde, für die Mitschwester zu einem unangenehmen und unerträglichen Geräusch. Bei einer Aussprache warf sie der Kranken vor, sie würde keine Rücksicht nehmen und denke nur an sich. Die kranke Schwester berief sich umgekehrt darauf, daß sie doch nichts Böses tue, wenn sie lediglich dafür sorge, daß ihre Atemwege frei werden, um besser atmen zu können.

Im Umgang mit solchen Situationen ist vor allem Kreativität gefragt, weniger aber fruchtlose Erziehungs- und Änderungsversuche. Denn gerade ältere Menschen – da macht eine christliche Gemeinschaft keine Ausnahme – lassen sich nur ungern belehren, geschweige denn erziehen. Man kann sie bestenfalls gewinnen. Bei störenden Verhaltensweisen lohnt sich immer die Suche nach einem guten Kompromiß, der für alle Beteiligten zum Gewinn wird. Wenn ich gelegentlich zu der Einsicht komme, daß ich die anderen nicht zu ändern brauche, daß ich aber sehr wohl lernen muß, mit ihnen umzugehen, bereite ich mich gut auf das gemeinschaftliche Leben im Alter vor. Die Andersartigkeit der anderen kann nämlich auch eine Bereicherung für mich und die Gemeinschaft sein. Jeder kann mir und der Gemeinschaft etwas geben. »Du mußt nicht ich sein. Du kannst du sein.« – Mit dieser Grundeinstellung des Respekts und der Wertschätzung der Andersartigkeit der anderen ist man gut gerüstet.

Alt werden in einer Gemeinschaft schließt nicht aus, sich von anderen in Frage stellen zu lassen.

Eine dreiundsechzigjährige Ordensfrau wurde von ihrer Vorgesetzten in psychotherapeutische Behandlung geschickt, weil sie ihre Aggressionen gegenüber bestimmten Mitschwestern nicht kontrollieren konnte. Im Gespräch äußerte die Ordensfrau, sie fühle sich von einer bestimmten Mitschwester, die bei der Vorgesetzten beliebt und angesehen ist, provoziert. Sie selbst lebte äußerlich anspruchslos, war fleißig und verhielt sich nach der bekannten Ordensdevise: »Im Kloster bewirbt man sich nicht, sondern man läßt sich senden.« Die Erfahrung, nicht genug Beachtung zu finden und ungeliebt zu sein, ging zurück bis in die Kindheit. Dementsprechend lang war die Kette der persönlichen Enttäuschung. Ihre innige Hoffnung, die Zurückhaltung und Dienstbereitschaft würde endlich einmal honoriert, blieb bis zu diesem Zeitpunkt unerfüllt. Es entstand eine Konkurrenzsituation. Da es die Mitschwester offensichtlich verstand, sich das zu nehmen, was die Klientin sich versagte und ihr versagt wurde, entstand eine schier unerträgliche Spannung, die sich schließlich in einem Ausbruch entlud. Hinter Aggressionsäußerungen verbergen sich häufig auch Enttäuschung, Verzweiflung und Angst. Nur werden sie selten so gesehen, geschweige denn von den Mitmenschen verstanden. Auch in einer Ordensgemeinschaft kann man da schnell zum Außenseiter werden.

Infragestellungen durch andere sind kein spezifisches Merkmal einer älteren Gemeinschaft. Da aber die Zeit knapp wird, verlaufen sie um so intensiver. Manchmal werden sie auch verleugnet, überhört oder verdrängt. Wenn sie zum Ausdruck kommen, erhalten sie nicht selten den Beigeschmack des Peinlichen und moralisch Bedenklichen. Es lebt sich leichter, wenn ich mich bis ins hohe Alter hinein auch von anderen in Frage stellen lasse. Der Mensch wird »am Du zum Ich«, wie Martin Buber es ausdrückt. Es ist natürlich und es braucht mich nicht zu erschüttern, wenn mich jemand anders sieht und erlebt, als ich mich selbst sehe und erlebe, oder wenn mein Verhalten jemanden oder die Gemeinschaft stört. Je enger wir mit anderen zusammenleben, um so mehr erfährt unser Verhalten Resonanz, um so eher kommt es zu Rückmeldungen, die unser Sozialverhalten befruchten können, wenn wir bereit sind, uns weiterzuentwickeln und hinzuzulernen.

In einem Buch fand ich einmal folgende Gedanken zum Thema ›Was ich mir vornehme, wenn ich älter werde‹: »Besonders auf das zu achten, was ich schon heute nicht mag, zum Beispiel den Kaffee geräuschvoll einzuschlürfen. Ich werde mich bemühen, noch ruhiger und überlegter zu sein und so zu handeln. Ich möchte der Ansicht widerstehen, daß es früher besser war. Und ich möchte bestrebt sein, immer noch etwas dazuzulernen.«

Gerade im Bereich der Primärbedürfnisse, der Sauberkeit, der Geräusch- und Geruchsentwicklung, erfordert das Altwerden in einer Gemeinschaft ein gesundes Maß an Selbstkontrolle und Offenheit für Rückmeldungen. Bei einer Fortbildung mit Pfarrhaushälterinnen fragte eine Frau: «Wie kann ich meinen zweiundsiebzigjährigen Pfarrer dazu bringen, daß er täglich frische Unterwäsche anzieht. Seit seiner Probleme mit der Prostata, riecht es in seiner Nähe unerträglich. Einerseits möchte er, daß ich die Mahlzeit mit ihm zusammen einnehme, andererseits beruft er sich auf die Wasserverschwendung und Umweltbelastung durch die unnötige Wascherei und verweigert jegliches Entgegenkommen.«

Alt werden in einer Gemeinschaft wird erleichtert, wenn der/die einzelne keine allzu großen Privilegien beansprucht.

Alt werden und alt werden als Gemeinschaft ist eine persönliche und gemeinsame Herausforderung. Das Älterwerden wird gelernt *im Prozeß* des Älterwerdens also *beim und während* des Älterwerdens. Es erleichtert das Zusammenleben ungemein, wenn keine allzu großen latenten oder offenkundigen Ansprüche auf eine Sonderposition oder Sonderautorität gestellt werden. Sie bleiben nämlich häufig unerfüllt. Personen, die in früheren Jahren durch ihre Funktion in der Gemeinschaft privilegiert waren, erfahren dies besonders bitter. Eine vierundsechzigjährige Ordensfrau, die als Lehrerin in einer Schule tätig war, wurde alters- und krankheitsbedingt an die Klosterpforte versetzt. Sie sagte sich zwar immer wieder: »Es ist egal, was man im Kloster tut. Arbeit gibt es genug.« Je öfter sie sich aber diesen Satz sagte, um so deutlicher wurde ihr der Verlust der mit der ursprünglichen Funktion verbundenen Privilegien und Freiräume. Besonders vermißte sie die regelmäßigen Theaterbesuche und Schulfahrten mit ihrer Klasse.

Wenn Personen in einer Ordensgemeinschaft gewisse Besonderheiten beanspruchen, darf dies nicht einseitig dem einzelnen angelastet werden. Es liegt auch an dem Ideal des ›Immer-im-Dienst-Seins‹, an dem Leitbild des vollen und selbstlosen Einsatzes, was vor allem bei Aussendungs- und Jubiläumsansprachen immer wieder ins Wort gebracht wird.

Jemand, der in dieser Intention ganz in seinem Tätigkeitsfeld aufgegangen ist und für und vom Kontakt mit den Zielgruppen gelebt hat, verliert beim Ausscheiden aus seinem Amt das, was ihn auch getragen und gehalten hat. Es liegt nahe, wenn er die Befriedigung der Bedürfnisse nach Anerkennung, Zuwendung und Ansehen jetzt von seiner neuen Bezugsgemeinschaft erwartet und bestimmte Rücksichtnahmen erbittet.

Der Anspruch auf Privilegien und Sonderbehandlung kann explizit und unmittelbar geäußert werden. Häufiger steht er jedoch implizit im Raum, als Anspruch auf den festen Platz beim Chorgebet und bei den Mahlzeiten, auf ein bestimmtes Zimmer, auf die Verfügung über einen Autoschlüssel, auf Befreiungen und Rücksichtnahmen, usw. In manchen älteren Gemeinschaften ist deutlich zu spüren, wie zu kurz gekommene und vom Leben und von der Leitung frustrierte Personen darauf warten, jetzt endlich gehört, gesehen und entschädigt zu werden. Andere wehren sich gegen die Abgabe eines Amtes oder einer Aufgabe, weil sie deutlich spüren, daß mit dem Verlust ein Entzug von Freiraum und der Beginn von Fremdbestimmung verbunden ist.

Resümee

Alt werden in einer Gemeinschaft erfordert eine Haltung, die die in einer Person bzw. in der Gemeinschaft aufkommenden und vorhandenen Spannungen und Konflikte als Ausdruck von Lebendigkeit sieht und zu kreativen Lösungen von Konflikten bereit ist.

Eine Gemeinschaft lebt von der Vielfalt ihrer Mitglieder. Auch wenn eine Ordensgemeinschaft von außen als homogene Gruppe wahrgenommen wird, zeigt sich gerade in älteren Gemeinschaften das spannungsreiche Zusammenspiel der verschiedenen Charaktere und Originale. Die Integration der unterschiedlichen Mitschwestern und Mitbrüder ist für die Verantwortlichen nicht immer leicht. Spannungen und Konflikte gehören zum Leben, auch zum Leben einer Ordensgemeinschaft. Weil aber in der Unternehmensphilosophie der meisten Ordensgemeinschaften Konflikte und Spannungen als Defizit und unvereinbar mit dem Ideal einer christlichen Gemeinschaft gesehen werden, wird vielfach keine angemessene Konflikt- und Streitkultur eingeübt und entwickelt. Es mangelt vielerorts an der Fähigkeit, sich in einem Prozeß des Aushandelns und des Dialogs zu einigen. Anstatt das biblische Modell der Konfliktlösung zu verwirklichen (vgl. Matthäus 18), wird von den Oberen eine Entscheidungsfindung erwartet, der man sich mehr oder minder im Gehorsam unterwirft. Manche Oberen fühlen sich dabei überfordert und ohnmächtig.

Es gibt aber auch Konvente, in denen sich ein frustriertes, aggressives Spannungsgemisch aufgebaut hat, das mühsam ertragen und ausgehalten wird, bis es schließlich zum großen Knall kommt. Ein Beispiel:

Einem älteren, mittelgroßen Frauenkonvent laufen drei junge Kätzchen zu. Eine Schwester nimmt sich fürsorglich der hilflosen Tiere an und läßt sie im Klostergarten herumspringen. Als sie immer munterer werden und auch auf den angelegten Beeten spielen und sie aufwühlen, packt eine andere Schwester die wilden Katzen in einen Sack und ertränkt sie in einem Wasserfaß. Lähmung, Entsetzen und Wut über die unmenschliche Konfliktlösung, Empörung über die grenzenlose, einer Ordensfrau nicht angemessene Katzenliebe und über die Wildheit der Tiere spalten den Konvent. Jahrelang hatte es eine solche Dynamik nicht mehr gegeben. Es war eine ruhige und stille Gemeinschaft mit einer durchschnittlichen Kränkungs- und Krankheitsrate. Es schien, als wäre durch diesen Vorfall mit aller Wucht der Alltag und das Leben zurückgekehrt, wenn auch mit viel Tränen und Schmerz auf beiden Seiten.

Man mag der Psychologie gegenüber geteilter Meinung sein. Sozialpsychologen und Tiefenpsychologen behaupten, zu zwischenmenschlichen Beziehungen gehören immer auch wesentlich ambivalente Gefühle dazu. Es handelt sich dabei um Kräfte des Abstoßens, der Konkurrenz, der Aggressivität. Müssen diese Kräfte und Energien unterdrückt werden, weil sie nicht sein dürfen, dann suchen sie sich ihre eigenen, häufig verdeckten und indirekten Wege. Lästern, Stänkern, indirekt die Atmosphäre vergiften, vor sich hinkränkeln, die andere Person ignorieren – es gibt verschiedene Formen, wie sich die angestaute Energie breit machen kann. Und moralische Appelle, sich mehr umeinander zu bemühen und aufeinander zuzugehen, erweisen sich oft als unwirksam, vergrößern sie doch die Ambivalenz.

In einer Fortbildung für Dekane mit dem Ziel, den Kontakt und den Zusammenhalt in der Gemeinschaft zu fördern, empfahl ich dem Abt, seine Mönche anzuregen, für eine bestimmte Zeit jeglichen Kontakt und jedes Gespräch mit dem Mitbruder zu vermeiden. Nach der vereinbarten Zeit solle ausgewertet werden, wie es dem einzelnen ergangen ist, und ob er die Begegnung mit den anderen wirklich vermißt hat.

Die Gruppendynamik einer Gemeinschaft läßt sich häufig auch an der Dynamik und am Zusammenspiel beim Chorgebet und Chorgesang ablesen. Ein Konvent, der nicht mehr singt, ist dabei, auf eine wesentliche Quelle der Lebendigkeit zu verzichten. Er beginnt zu sterben.

Kommunikation, Gesprächs- und Streitkultur müssen eingeübt werden. Es geht um die Entwicklung eines Gesprächsstils, der dazu beiträgt, daß die Botschaft beim anderen ankommen kann. Ich möchte diesen Gesprächsstil mit dem Begriff ›taktvolle Direktheit‹ bezeichnen. Es mag sein, daß der eine oder die andere sich verstärkt um Direktheit im Gespräch bemühen muß, während es die Aufgabe der oder des anderen ist, mehr Takt zu entwickeln und einzubringen. Nur dann hat die Botschaft Aussicht, anzukommen und gehört zu werden. In unserem gemischten Konvent auf Zeit während eines dreimonatigen Recollectio-Kurses erfahren wir in der wöchentlichen Alltagsgruppe, wie schwer es ist, sich taktvoll direkt zu begegnen und miteinander zu sprechen. Um so wichtiger und dringender erscheint uns deshalb das Einüben eines gemeinschaftsförderlichen Gesprächsverhaltens und konstruktiver Konfliktlösungsstrategien.

Gemeinschaften, in denen die Mitglieder miteinander alt werden wollen, brauchen Aktivitäten, die mithelfen, Spannungen abzubauen und Lebendigkeit zu fördern. Spielen, Musizieren, die Pflege verschiedener Hobbys, kreatives Schreiben und gestalterisches Werken, Seniorentanz, Spazieren gehen und sportliche Betätigung – wo diese Aktivitäten nicht zum persönlichen oder gemeinschaftlichen Lebensalltag gehören, bedarf es einer Ergänzung der Hauptinhalte des Ordenslebens: ›Ora et labora‹.

Alt werden in einer Gemeinschaft und alt werden als Gemeinschaft lohnt sich. Beides wird gelingen, wenn die natürlichen und zwischenmenschlichen Bedingungen geschaffen und beachtet werden, nämlich:

Sich auf das Altwerden in einer Gemeinschaft vorbereiten heißt:
- *die Schwestern und Brüder als die entdecken, mit denen ich zusammenleben werde und die ich brauche.*

Alt werden in einer Gemeinschaft
- *wird erleichtert, wenn ich die Schwestern und Brüder als die entdecke, die mich brauchen.*
- *beinhaltet: Ich werde zusammen mit meinen Schwestern und Brüdern gebraucht, um uns als älter werdende Gemeinschaft zu erhalten, so lange es geht.*
- *wird unterstützt, wenn sich der einzelne selbst annimmt wie er ist und lernt, fürsorglich mit sich selbst umzugehen.*
- *setzt die Bereitschaft voraus, die anderen anzunehmen, wie sie sind.*
- *schließt nicht aus, sich von anderen in Frage stellen zu lassen.*
- *wird erleichtert, wenn der/die einzelne keine allzu große Privilegien beansprucht.*
- *erfordert eine Haltung, die die in einer Person bzw. in der Gemeinschaft aufkommenden und vorhandenen Spannungen und Konflikte als Ausdruck von Lebendigkeit sieht und zu kreativen Lösungen von Konflikten bereit ist.*

Von Alfred Adler stammt das Wort: »Es kann im Leben so sein, es kann aber auch ganz anders sein.« Ich habe ein buntes Bild von Erfahrungen auf dem Weg des Älterwerdens wiedergegeben, das mir in meiner Arbeit begegnet. Es unterscheidet sich nicht wesentlich von dem, wie sich das Altwerden in unserer

Gesellschaft und in vielen Familien vollzieht. Wir stehen alle vor der Aufgabe, das eigene Alter zu gestalten und Bedingungen zu entwickeln, daß wir mit anderen und andere mit uns alt werden können.

Texte zum Nachdenken

I. Eine zu Ende gehende Aufgabe als innerer und äußerer Prozeß des Abschieds

»Abschied ist ein scharfes Schwert, das tief in unsre Seele fährt«, heißt es in einem bekannten Lied. Wenn wir Abschied nehmen müssen von bedeutenden Bindungen und Beziehungen, meldet sich unser Herz. Ein Abschied von vertrauten Menschen berührt und beschäftigt uns in der Tiefe unserer Seele. Der Abschied aus einem Arbeitsfeld fordert uns nicht weniger heraus. Es gilt liebgewordene Menschen und Tätigkeiten loszulassen und bei Versetzungen darüber hinaus eine liebgewonnene Umgebung. Das bereitet oft Wehmut, Schmerz und Trauer. »Ohne Wehen kein Werden, ohne Wehen kein Gebären«, sagt der Volksmund.

Erst das bewußte Abschiednehmen macht uns frei für das Neue, das jetzt auf uns wartet.

Abschiednehmen ist ein *innerer und äußerer Prozeß.*

Besonders die Innenseite des Abschieds bedarf einer gezielten Beachtung. Wird sie nicht bewußt durchlebt und gestaltet, bleiben ›menschliche Wunden‹ zurück, und die Chance zu einem persönlichen und spirituellen Wachstum wird vertan.

Innerseelisch geht es um die Entflechtung der Beziehungen, um die Ablösung von einem Projekt und von den damit verbundenen Aufgaben. Die Menschen, mit denen wir durch die Aufgabe in Kontakt gekommen sind und zu denen eine Beziehung aufgebaut wurde, müssen losgelassen werden bzw. einen neuen Platz erhalten. Weil wir nur ungern Liebgewordenes aufgeben, werden wir uns anfangs dagegen wehren. Vorwürfe, Anklagen und Schuldzuweisungen können in uns wach werden. Diese Reaktionen sind natürlich und wollen ausgesprochen und ausgedrückt werden. Häufig hilft uns, wenn wir die Situation realistisch wahrnehmen können. Nach der berechtigten Klage kommen dann auch andere Aspekte in den Blick, die dazu führen, daß wir der Veränderung allmählich auch etwas Positives abgewinnen können.

Im Angesicht des Abschieds können wir eine gezielte Auswertung der zurückliegenden Zeit erarbeiten. Wir erinnern uns an die Anfänge und sichten die Erfahrungen und Erkenntnisse der vergangenen Jahre. Wir können Bilanz ziehen, indem wir uns Gelungenes und weniger Gelungenes vor Augen halten, und ein persönliches oder gemeinschaftliches Vermächtnis schreiben.

- Was lasse ich, was lassen wir zurück?
- Was ist gelungen? Was ist weniger gut gelungen?
- Welche positiven Erinnerungen möchte ich, möchte wir lebendig erhalten?
- Was möchte ich, möchten wir am liebsten vergessen und begraben?

Neben dem Erfahrungswissen, das wir festhalten, soll auch das in den Blick genommen werden, was schwierig war oder wo wir aneinander schuldig geworden sind.

- Was habe ich durch die Erfahrungen gelernt und begriffen für mein Leben?
- Was hat die Gemeinschaft erfahren und gelernt durch die Arbeit am Projekt bzw. durch die Zusammenarbeit?
- Wofür bin ich dankbar? Wofür sind wir dankbar?
- Wo bin ich, wo sind wir aneinander schuldig geworden? Was sind wir einander schuldig geblieben? Wir stehen zu unserem Anteil!

- Wofür sollte ich um Verzeihung bitten? Wir hören auf damit, andere für mögliche Konflikte schuldig zu machen.
- Wir gönnen einander eine neue Zukunft und stellen uns unter den Segen Gottes!

Erst durch diesen inneren Prozeß erhält der äußere Abschied einer Versetzung, eines Umzugs und Ortswechsels das Fundament menschlichen und spirituellen Wachstums, das er in sich trägt. Eine der Situation und dem Anlaß entsprechende offizielle Verabschiedung oder ein Abschiedsfest kann dann zu einem wirkungsvollen und glaubhaften Zeichen werden, das den Übergang angemessen begleitet.

II. Der Weg der konstruktiven Schließung einer Einrichtung

7 Schritte

1. Die Ordensmitglieder betrachten die Schließung und den Rückzug als ein notwendig gewordenes gemeinsames Unternehmen.

2. Sie sehen in der Schließung die beste Lösung bzw. die bessere Möglichkeit, um ihre Gemeinschaftsziele verwirklichen zu können und einen menschenwürdigen Lebensabend zu gestalten.

3. Die Gemeinschaft hat sich zuvor aktiv mit allen Möglichkeiten zur Aufrechterhaltung der Einrichtung und mit den möglichen Konsequenzen einer Schließung befaßt.

4. Die Mitglieder der Gemeinschaft haben ein realistisches Bild voneinander und von der beruflichen und gesundheitlichen Belastbarkeit der einzelnen.

5. Die Vorgesetzten halten die rückzugsbedingten seelischen Belastungen und menschlichen Verlusterfahrungen der Mitbrüder/Mitschwestern gering.

6. Der Rückzug wird innerhalb der Gemeinschaft spirituell vorbereitet und nach außen bewußt vollzogen und gefeiert. Damit wird dem Abschiedsvorgang als innerer und äußerer Prozeß Rechnung getragen.

7. Die Zukunft der veränderten Gemeinschaft und der neu hinzu kommenden Schwestern und Brüder wird offen besprochen und antizipatorisch durchgespielt unter Einbezug der realistischen Startbedingungen (Raumverteilung, Arbeitsorganisation, Regelung der Freizeit, finanzielle Ausstattung usw.).

Es wird deutlich, daß der Weg der Schließung oder Abberufung aus einer Einrichtung gut vorbereitet und gestaltet werden muß, wobei die unmittelbar Betroffenen rechtzeitig und offen in den Diskussions- und Entscheidungsprozeß einbezogen werden müssen. »Ein alter Baum läßt sich nur schwer verpflanzen«, heißt es im Volksmund. Um so achtsamer und umsichtiger sollten sich die Verantwortlichen um die Gestaltung des Übergangs bemühen.

III. Der Abschluß
Persönliche Lebensbilanz nach Anthony De Mello

Ich stelle mir vor, daß ich heute sterben muß.
Ich erbitte mir Zeit zum Alleinsein, damit ich für meine Freunde eine Art Testament aufsetzen kann, für das die folgenden Punkte als Überschriften über die einzelnen Abschnitte dienen könnten:

1. Diese Dinge habe ich im Leben geliebt:
   Dinge, die ich schmeckte ...
   die ich anschaute ...
   roch ...
   hörte ...
   berührte ...

2. Diese Erfahrungen waren mir teuer ...

3. Diese Gedanken haben mich befreit ...

4. Diese Anschauungen habe ich überwunden ...

5. Aus diesen Überzeugungen habe ich gelebt ...

6. Für diese Dinge habe ich gelebt ...

7. Diese Einsichten habe ich in der Schule des Lebens gewonnen:
   Erkenntnisse über Gott ...
   die Welt ...
   die menschliche Natur ...
   Jesus Christus ...

Liebe …
Religion …
Gebet …

8. Diese Risiken habe ich auf mich genommen …

9. Diesen Gefahren habe ich getrotzt …

10. Diese Leiden haben mich gestählt …

11. Diese Lehren hat das Leben mir erteilt …

12. Diese Einflüsse haben mein Leben geprägt
Menschen …
Tätigkeiten …
Bücher …
Ereignisse …

13. Diese Bibelworte haben meinen Weg erhellt …

14. Diese Dinge aus meinem Leben bereue ich …

15. Dies habe ich in meinem Leben erreicht …

16. Diese Menschen sind meinem Herzen nahe …

17. Dies sind meine unerfüllten Wünsche …

Ich wähle mir einen Schluß für dieses Dokument:
ein Gedicht – von mir selbst oder von einem anderen …
oder ein Gebet …

eine Zeichnung ...
oder ein Bild aus einer Zeitschrift ...
ein Schriftwort ...
oder etwas anderes, was mir ein passender Abschluß für
mein Testament zu sein scheint.

Julietta Götz

Leibhafte Erfahrungen als Weg zur Selbsterkenntnis

Da wir im Recollectio-Haus ganzheitlich mit den Menschen
arbeiten, ist der ›Leib‹ ein wesentliches Element unseres
therapeutischen und geistlichen Konzeptes. Bei den Leib-
übungen ist nicht das Denken, sondern das Fühlen und Wahrnehmen wichtig. Empfinden und Denken fügen sich zusammen zum ›Spüren‹ und so können wir uns als leibseelische
Einheit erfahren. Sie vollzieht sich in drei Bereichen, für die
ich jeweils zuständig bin: *Leib-Übungen, Tanz* und *kreatives
Gestalten.*

Der Leib ist für Graf Dürckheim ein wichtiger Partner auf
dem geistlichen Weg und auf dem Weg der Selbstwerdung. Auf
der einen Seite ist der Leib eine wichtige Quelle der Selbsterkenntnis. Im Leib erfahre ich, wer ich selbst bin, ob ich in meiner Mitte bin oder mich selbst verloren habe, ob ich im Einklang oder im Widerstreit bin mit mir selbst. Beim Atmen spüre
ich, ob ich an mir selbst festhalte oder ob ich mich loslassen
kann. Doch der Leib ist für Dürckheim nicht nur ein Barome-
ter, an dem ich ablese, wie es um mich steht. Zugleich ist er
auch ein Instrument menschlicher Selbstwerdung. Durch den
Leib und im Leib kann ich an mir arbeiten, kann ich einen
Weg in meine Mitte finden. Und über den Leib kann ich den
Weg zu Gott gehen. Gerade wir Christen, die an die Fleisch-
werdung des Wortes glauben, müssen daher den Leib wieder
neu entdecken als den Ort, an dem wir Gott erfahren können,
und als den Weg, der uns zu Gott führt.

Leib-Übungen

Bei den Leib-Übungen geht es darum, bewußt mit dem Leib leben und umgehen zu lernen, den Kontakt zu sich selbst aufzubauen und zu fördern. Wenn wir unseren Körper – unsere Leiblichkeit – als unser Selbst wahrnehmen und dem in der Begegnung in angemessener Weise Ausdruck geben können, stärkt dies unser Identitätserleben und unser Selbstwertgefühl. Da wir heute in Gefahr sind, zu stark vom Kopf her zu leben, müssen wir erst wieder lernen mit dem ganzen Leib in Berührung zu kommen. Wenn die Gäste – manchmal zum ersten Mal nach langer Zeit – bewußt ihren Leib spüren, und sie merken, daß ihnen die Übungen guttun und hilfreich sind, machen sie gerne mit. Die Übung besteht darin, die rechte ›Wohl-Spannung‹ unseres Organismus zu finden, so daß Leib und Seele und wir mit unserer Mitwelt mehr in Einklang kommen. Es geht um das Finden der eigenen Mitte, um Kontaktaufnahme zum eigenen Leib und zu allem, womit wir es zu tun haben. Wenn wir in der Achtsamkeit sind – das heißt aufmerksam und hingebungsvoll bei der Sache – und über uns hinausfühlen, entsteht dieser Kontakt.

Konkret handelt es sich um Dehn- und ›Lösungs‹-Übungen. Diese können im Stehen oder Liegen geschehen. Dabei ist das Ziel, ein neues Leibbewußtsein zu entwickeln. Es geht darum, wachsam zu sein gegenüber allem, was die Selbstwerdung verhindert und offen zu werden für die Verwandlung. Letztlich ist es ein Übungsweg. Während ich die Übungen anleite, kann es geschehen, daß einige sich »sehr wohl in ihrer Haut fühlen«, andere dagegen bestimmte Körperpartien übermäßig verspannt oder leblos erleben. Dann geht es darum, diese Bereiche zu lockern, durch langsame und bewußte Bewegungen. Es sind Übungen, die der Eutonie entlehnt sind. Ferner arbeite ich mit dem

Atem, der bewußt in die einzelnen Bereiche des Körpers gelenkt wird. Gerade in der achtsamen Wahrnehmung des Atems, der gleichsam als Brücke zwischen Leib und Seele gesehen werden kann, kann ein Gespür für die Signale des Leib-seelischen-Zustandes entwickelt werden. Ein Mensch wagt nicht zu atmen. Er ringt nach Luft. Etwas nimmt ihm die Luft. Er hält den Atem an. Jetzt übt er ein, sich dem Rhythmus des Atems zu überlassen.

Zudem ist der Leib ein Gedächtnisspeicher für die Lebensgeschichte. Ziel ist, zu sich und dem eigenen Gewordensein »ja« zu sagen. Indem ich meinen Leib bejahe, söhne ich mich aus mit meiner Lebensgeschichte. Jemand kommt in Berührung mit seinen Emotionen, etwa mit der Wut, die sich im Bauch festgesetzt hat oder mit der Angst, die die Kehle zuschnürt. Im Leib erleben wir auch Lebensmuster, die sich in uns eingeprägt haben, etwa das Muster der Kontrolle oder des Perfektionismus. Oft zeigt sich das in einer Unfähigkeit sich loszulassen. Es kommt sofort Angst hoch, denn ich könnte ja die Kontrolle über mich verlieren. Durch solche Leibbegegnung geschieht Selbsterkenntnis. Gerade Kopfmenschen versuchen dann, den Leib herunterzuspielen und ihn zu entwerten.

Die Leib-Übungen wollen aber nicht nur in die eigene Wahrheit führen, sondern helfen, sie tiefer zu leben. Ziel ist, daß ich im Einklang bin mit mir selbst, daß ich gerne in meinem Leib wohne, daß ich Lust habe an meinem Leib. Theresa von Avila fordert ihre Schwestern auf: »Tue deinem Leib Gutes, damit deine Seele Lust hat, darin zu wohnen.«

Wenn wir achtsam und aufmerksam mit unserem Leib umgehen, gibt er uns manchmal Antworten der Freude, fühlen wir uns lebendig und erahnen Lebensfülle. Dann haben wir Lust an unserem Leib, entdecken unsere Sinne, nehmen uns und die Welt um uns herum wieder in der ganzen Bandbreite wahr.

Die Leib-Übungen können uns dazu führen, daß wir ein neues Bewußtsein für Bewegung und Ruhe, für Spannung und Entspannung entwickeln – ein Weg, auf dem wir die innere Harmonie entdecken. Wenn das Innen und das Außen in Einklang sind, dann werde ich als Person immer stimmiger. Und darum geht es ja auf dem geistlichen Weg, daß wir authentisch werden, daß unser Leben übereinstimmt mit der innersten Stimme unseres Herzens; letztlich mit der Stimme Gottes, die in uns ertönt. Oft meinen wir, wir hätten uns längst ausgesöhnt mit uns selbst, wir würden stimmig leben. Doch unser Leib zeigt das Gegenteil. Dann gehört es zur Demut, daß wir uns dem eigenen Leib zuwenden, in ihn hinabsteigen um zu entdekken, wo wir gegen uns selbst wüten, wo wir im Zwiespalt leben mit uns selbst und wo wir uns Gott gegenüber verschließen.

Manche sagen, sie seien voller Vertrauen zu Gott. Aber die hochgezogenen Schultern zeigen ein tiefes Mißtrauen. Sie leben in Wirklichkeit voller Angst und müssen sich an sich selbst festhalten. Und ihre spirituellen Vorstellungen benutzen sie als eine Art Schild. Der Leib offenbart dann unter Umständen eine tiefere Wahrheit. Wer wirklich auf Gott vertraut, dessen Leib drückt das in Lockerheit und Durchlässigkeit aus. Wer in Gott seine Mitte gefunden hat, der ist auch leibhaft in seiner Mitte.

Dabei gibt es grundsätzlich zwei Wege, die eigene Mitte zu finden: den Weg von der Gotteserfahrung in den Leib und den Weg vom Spüren des Leibes zu Gott. Beide Wege sind möglich und beide gehören zusammen. Wenn der Leib sich nicht wandelt, dann bleibt die Begegnung mit Gott zu wenig erlebbar und erfaßt nicht den ganzen Menschen. Gott durchdringt uns dann nicht, sondern er berührt nur unser Denken. Es geht aber darum, sich ganz und gar von Gott erfassen und verwandeln zu lassen. Wenn wir mit unserem Leib in Berührung kommen und uns eins fühlen mit ihm, dann erahnen wir, daß er ein Geschenk Gottes ist, ja daß Gott selbst in diesem Leib wohnen will. So geht es darum, Gott selbst in unserem Leib zu suchen und zu finden.

Manche Priester und Ordensleute haben in sich unbewußt eine tiefe Leibverachtung. Sie meinen, das sei Zeichen eines geistlichen Weges. In Wirklichkeit lehnen sie mit ihrem Leib auch den Schöpfer des Leibes ab. Daher ist der Weg, mit seinem Leib in Einklang zu kommen, auch ein Weg zu Gott. Gott will in unserem Leib verherrlicht werden. Vielleicht geht uns dann auf, was Paulus im ersten Korintherbrief sagt: »Wißt ihr nicht, daß euer Leib ein Tempel des heiligen Geistes ist, der in euch wohnt und den ihr von Gott habt?« (1 Kor 6,19)

Der Tanz

Ein wesentliches Element der Leib-Übungen ist der Tanz. Im Recollectio-Haus üben wir meditative Tänze (oder auch sakrale Tänze) und das freie Tanzen. Der Tanz gehört zu den ursprünglichsten Lebensäußerungen des Menschen und ist in allen Kulturen zu finden. Im Tanzen drückt der Mensch seine Gefühle aus. Der meditative Tanz kann dazu führen, daß wir uns selbst vergessen. Wenn wir ganz in der Bewegung aufgehen, werden wir frei vom Kreisen um uns selbst. Daher ist für Walter Schubart der Tanz einer der drei Wege zur Verschmelzung mit Gott und zur Ekstase in Gott hinein. Neben der Sexualität und dem Essen ist der Tanz ein wichtiger Weg zur mystischen Erfahrung, ein Ort, an dem der Mensch sich selbst vergessen und über sich hinauswachsen kann.[1]

Friedl Kloke, eine Schülerin des Begründers des meditativen Tanzes, Bernhard Wosien, beschreibt den Tanz als Weg zur Stille und zur Erfahrung mit Gott: »Die Meditation des Tanzes (Sacred Dance) zielt auf jenes Schreiten in die Stille, das den

allmählichen Einstieg in die eigentliche Sammlung im Geist
und das Ruhen der Gedanken ermöglicht. Wenn der tanzende
Mensch beim Tanz in die Stille den Einstieg in die Meditation
findet, jenes Einswerden mit Musik und Raum, dann kann sein
Tanz zum Gebet werden.«

Eine andere Tanztherapeutin, Wilma Vesseur, nennt den
Leib ein »Instrument zur Kontemplation«. Vom Tanz sagt sie:
»Tanz macht Bewegung frei, macht uns wieder ungezwungen
und lebendig und lehrt uns Wachsamkeit und andachtsvolle
Hingabe. Im Tanz – Sprache ohne Worte – lauschst du nach
dem, was dich berührt, bewegt, und gleichzeitig findet das, was
dich bewegt, Ausdruck – Verkörperung – im Tanz.«

Das freie Tanzen ist für viele Gäste im Recollectio-Haus
anfangs ungewohnt. Manche trauen sich nicht, sich den Tanz-
bewegungen zu überlassen, die aus ihnen selbst heraus kommen. Aber für viele ist gerade der freie Tanz ein Weg zur Freiheit. Da können sie sich geben, wie es gerade für sie stimmt.
Sie können alles zulassen, was in ihnen ist. Das freie Tanzen,
bei dem sie sich vom Rhythmus und von der Musik bewegen
lassen, ist ein kreatives Tun, das bei manchen verschüttet ist.
Wenn die Menschen sich auf die Bewegungen einlassen, die
sich ihnen von innen her aufdrängen, kann ihre Kreativität
wieder ans Licht kommen. Sie können sich ›freitanzen‹ von
Verkrampfungen und Hemmungen. Sie spüren, daß sie wieder
mit ihrer Kraft in Berührung kommen: mit ihrer Wut, aber
auch mit zärtlichen Gefühlen wie Liebe, Ehrfurcht und Sehnsucht. Daß der Tanz gerade Ausdruck unserer tiefsten Sehnsucht ist, entfaltet der Text *Tanze deine Sehnsucht* von Anselm
Grün im Teil III dieses Buches.

Kreatives Gestalten

Der dritte Bereich, mit dem ich die Gäste im Recollectio-Haus zusammenführe, ist das kreative Gestalten. Themen, die im Verlauf des therapeutischen und spirituellen Prozesses unausweichlich auftauchen, werden symbolisch zum Ausdruck gebracht zum Beispiel der eigene Lebensweg (Herkunft und Ziele), die Beziehungen, das Selbstbild, der Selbstwert, die eigenen Gefühle.

Dem freien kreativen Tun stehen oft Hindernisse im Wege: Einige Gäste haben hohe Ansprüche an sich selbst und meinen, es müßten ästhetisch hochwertige Werke entstehen. Andere sind fest davon überzeugt, nicht malen oder mit Ton arbeiten zu können. Wieder andere lassen sich nur schwer auf die Gefühle ein oder haben Angst, vor der Gruppe etwas ganz Persönliches von sich zu zeigen. Es muß also zuerst gelingen, diesen vielfältigen Druck und die rationale Kontrolle im Schaffensprozeß zu verringern. Selbstwahrnehmungs-Übungen als Hinführung zum Thema, das Arbeiten in der Stille und mit geschlossenen Augen können helfen, die eigene Intuition zuzulassen. Die Regelmäßigkeit, die Arbeit in einer Kleingruppe, aber vor allem die Art, wie mit den entstandenen Arbeiten umgegangen wird, ermöglichen, sich immer offener zu zeigen und sich und der Gruppe zu vertrauen.

Zu einigen Themen biete ich das Gestalten mit Ton an, einem elementaren Material, das kaum Anforderungen an technisches Können stellt und viel gestalterische Freiheit läßt. Mit Vorliebe wähle ich diese Methode für die Aufgaben, sich als Kind zu formen, den eigenen Leib zu gestalten oder die momentane Befindlichkeit auszudrücken. Ein anderes Medium, mit dessen Hilfe innere Themen bearbeitet werden, ist das Malen. Ich lasse die Gäste zum Beispiel das Motiv des Lebensbaumes als Symbol für die eigene Person malen oder das Motiv des Lebenspanoramas. Da das Malen und Arbeiten mit Ton nicht ›über den‹ Kopf geht und daher auch vom Kopf nicht kontrolliert wird, kommen unbewußte Bilder hoch. Immer wieder erleben die Menschen, daß bei diesem Tun sehr intensive Gefühle wach werden, sei es aufgrund der Erinnerung an bewegende Erlebnisse der Vergangenheit, sei es durch Gewahrwerden der gegenwärtigen Befindlichkeit.

Jedes Bild und jede Figur macht etwas sichtbar von seinem ›Schöpfer‹. Das äußere Bild kann Aufschluß geben über das innere Bild eines Menschen. So hat ein Lebensbaum keine Wurzeln, ein zweiter ist schwach und klein, ein dritter Lebensbaum zeigt einen übermächtigen Stamm, aber nur dünne oder dürre Äste, ein vierter hat abgehackte oder abgebrochene Äste und wieder ein anderer Baum wird durch das Papierformat in seiner Entfaltung beschränkt. Wer dann diesen Baum meditiert, wird darin vieles erkennen, was ihm durch bloßes Nachdenken nicht aufgegangen wäre.

Ich lasse den Gästen deshalb immer auch Zeit, Zwiesprache mit dem eigenen Werk zu halten und dessen Botschaft wahrzunehmen. Erst danach ist Gelegenheit, den anderen in der Gruppe mitzuteilen, was beim Gestalten und beim abschließenden Betrachten des Bildes oder der Figur erlebt wurde. Die Gruppenteilnehmer hören zunächst nur aufmerksam zu und lassen das Werk der anderen auf sich wirken. Wenn sie dazu eingeladen werden, können sie ihre eigenen Assoziationen und Empfindungen, die das Werk in ihnen auslöst, mitteilen. Dabei ist oberstes Gebot, auf jegliche Bewertung und Interpretation zu verzichten. Nur eine Haltung der Achtsamkeit und der Ehrfurcht gegenüber dem, der sich in seinem Werk mitteilt, schafft die Atmosphäre des Vertrauens in der Gruppe, die Offenheit und Heilung möglich macht.

In der therapeutischen oder geistlichen Begleitung hat jeder Gast Gelegenheit, das individuell Erlebte zu vertiefen und zu bearbeiten. Weil etwas Inneres in einem Werk nach außen gebracht wurde, kann es immer wieder betrachtet und in seiner vielfältigen Botschaft ausgelotet werden, auch nach dem Aufenthalt im Recollectio-Haus.

Einige Gäste kommen durch das kreative Gestalten während des Kurses mit ihrer eigenen Kreativität so in Berührung, daß sie es als grundsätzliches Ausdrucksmittel – jenseits therapeutischer Arbeit – weiter pflegen. Das kreative Gestalten wird zum hilfreichen Begleiter und Therapeut auf dem weiteren Weg. Es wird als Möglichkeit erlebt, sich aus innerer Erstarrung zu befreien und das Leben wieder zum Fließen zu bringen.

Ilse Müller

Mein Freund der Bär

Körperliche Reaktionen auf seelische Spannungen

Es soll hier nicht um die Auseinandersetzung mit den zahlreichen wissenschaftlichen Abhandlungen, Theorien und Hypothesen über die Entstehung psychosomatischer Behandlungen gehen. Ich möchte vielmehr einen kleinen Beitrag dazu leisten, daß wir stärker auf die zahlreichen Signale achten, die unser Körper uns gibt, wenn wir uns bedrängt fühlen, Konflikte nicht gut bewältigen können oder seelisch in Not sind.

Das Wissen über die Zusammenhänge von körperlichen Beschwerden und seelischer Not ist keineswegs neu. Alte, seit Generationen weitergegebene Redewendungen und Sprichwörter weisen darauf hin, daß schon lange um diese Verknüpfungen gewußt oder sie zumindest geahnt wurden. Wer kennt nicht Aussagen wie: »Es liegt mir ein Stein im Magen. Mir sitzt eine Faust im Nacken. Mir bleibt die Luft weg. Etwas schnürt mir die Kehle zu, bricht mir das Herz.« Auch ist es landläufig bekannt, daß Dauerstreß krank macht, Bluthochdruck und Herzinfarkte verursacht.

Was aber macht mir denn Streß? Ein hohes Arbeitspensum allein kann es nicht sein. Viele Menschen gehen ja in ihrer Arbeit ganz auf und bleiben bis ins hohe Alter fit. Es müssen also noch weitere belastende Faktoren sein, auf die unser Körper reagiert, die zu Beschwerden und letztlich zu manifesten Erkrankungen führen. Warum gerät unser Körper also aus dem Gleichgewicht? Unser Körper ist auf das ausgewogene und fein aufeinander abgestimmte Zusammenwirken der einzelnen Organe und Organsysteme angewiesen, um seine vielfältigen Aufgaben

– zum Beispiel die Verdauung, die Abwehr von Infektionen oder die Anpassung an bestimmt äußere Umstände – ungestört erfüllen zu können. Ständig muß er sich anpassen und umstellen.

Ich erinnere mich immer wieder gerne an ein recht banales, aber eindrucksvolles Beispiel für die Reaktionen unseres Körpers auf Reize von außen, das ich im Laufe meiner Ausbildung hörte:

Stellen Sie sich einen Steinzeitmenschen vor, der gerade einen saftigen Hirschbraten zu sich genommen hat und müde am Feuer liegt. Er ist satt, muß im Moment nichts leisten und geht seinen Träumen nach. Die Jagd vom Vortag, der geplante Fischfang, vielleicht auch seine Steinzeitfrau gehen ihm durch den Kopf. Was tut derweil sein Körper?

Die Muskeln sind entspannt, er atmet ruhig, sein Blutdruck ist eher niedrig, sein Puls langsam, er kann in Ruhe verdauen. Die Durchblutung des Körpers konzentriert sich hauptsächlich auf die Bauchorgane. Dann plötzlich hört er im Gebüsch ein Geräusch und erkennt einen Bären, der sich gefährlich nähert. Was tut er jetzt? Je nach Charakter nimmt er den Kampf mit dem Bären auf oder tritt die Flucht an. Sicher hat er auch Angst. Wie aber reagiert sein Körper nun auf diese veränderte Situation?

Die Verdauung ist jetzt nicht mehr wichtig. Gut durchblutet müssen jetzt die Muskeln werden. Sie brauchen vermehrt Sauerstoff; er atmet also schnell; sein Puls rast; er spürt, wie sein Herz klopft; der Blutdruck steigt an.

Was soll nun dieses Beispiel? Vielleicht gelingt es Ihnen, die Situation des beschriebenen Steinzeitmenschen auf Situationen zu übertragen, die Sie manchmal oder häufig erleben. Vielleicht werden Sie ja immer wieder aus Ihrer Ruhe gerissen, wenn der Vorgesetzte erscheint, der sicher wieder etwas zu beanstanden hat, Vorwürfe macht, unzufrieden oder verärgert ist.

Oder Sie müssen etwas leisten, was Ihnen schwer fällt, Angst verursacht. Oder Sie müssen sich in einer Situation entscheiden und wissen doch genau, daß Sie auf jeden Fall jemandem dabei nicht gerecht werden können, vielleicht sogar jemanden verletzen müssen. Spüren Sie da nicht auch, wie Ihr Herz klopft, sich der Magen zusammen krampft, die Hände feucht werden, sie keine Luft mehr bekommen, wieder die bekannten Verspannungen im Nacken auftreten?

Und was geschieht, wenn diese Situationen wieder und wieder auftreten und Sie keine Lösung finden? Möglicherweise werden sie ernsthaft krank. Noch häufiger ist aber, daß Menschen unter bestimmten Beschwerden leiden und nicht so einfach eine Verbindung zu seelischer Spannung erkennen. Ein Besuch beim Arzt ergibt dann oft keinen krankhaften körperlichen Befund, es wird der Verdacht auf ein psychosomatisches Beschwerdebild geäußert und sie stehen dann damit relativ ratlos da. Sicher kann nun jeder für sich alleine versuchen, zu ergründen, was ihn schwindlig macht, ihm die Luft abschneidet, nicht mehr sprechen oder entspannt sein läßt. Oft aber wird es erforderlich sein, fachliche Hilfe – geistliche oder psychotherapeutische – in Anspruch zu nehmen, um die seelische Not, die hinter den Beschwerden steht, zu verstehen. Auch um Wege zur Lösung von Konflikten finden zu können, ist oftmals ein langer Weg in Begleitung notwendig. Dann kann es gelingen, eigene Reaktionen zu verändern, Belastungen zu vermeiden oder sie in einer veränderten Haltung anzunehmen.

Als ich einmal in einer Gruppe das kleine Beispiel vom Steinzeitmenschen schilderte und, nachdem ich in der Beschreibung den Bären auftauchen ließ, fragte: Was tut der Mann jetzt?«, kam prompt von einem Mitglied der Gruppe, bezeichnenderweise einem Franziskaner, die Antwort: »Er freundet sich mit dem Bären an.« Diese Antwort, die bei vielen Erheiterung auslöste, ist für mich ein eindrucksvolles Bild geblieben. Was ist der Bär in meinem Alltag und was wäre, wenn ich ihm mit Freundschaft begegnen könnte?

Eine weitere Möglichkeit, mit körperlichen Beschwerden umzugehen, die aufgrund seelischer Belastungen auftreten, sind Entspannungsverfahren wie das autogene Training. Hierbei geht es nicht darum, Konflikte zu erkennen und dann in weiteren Schritten Lösungen zu finden, sondern es soll umgekehrt gelingen, durch die Entspannung den Konflikten gelassener zu begegnen. Oder: Körperliche Reaktionen auf Belastungen werden gemildert, was sich wiederum positiv auf die seelische Verfassung auswirkt.

Wenn ich Angst habe, bin ich angespannt, habe ich Herzklopfen, atme ich schneller usw. Sind aber meine Muskeln entspannt, schlägt mein Herz ruhig und regelmäßig, spüre ich meinen Atem tief und wohltuend mich durchdringen, werde ich in dieser ausgeglichenen körperlichen Verfassung keine Angst empfinden.

Das autogene Training führt durch regelmäßige Übung zu einer Harmonie in der Funktion meiner Organsysteme zurück. Das Gesamtziel heißt jedoch: *Gelassenheit.*

Gerade für die Menschen, die auf dem Weg zu innerer Gelassenheit sind, sich in Seelsorge oder den zahlreichen helfenden Berufen tagtäglich um das Wohl anderer bemühen, ist es wichtig, immer wieder sich selbst in den Blick zu nehmen und nicht zuletzt auch die vielfältigen Signale, die ihr Körper ihnen gibt, aufmerksam wahr- und ernst zu nehmen.

Ruthard Ott

Das Menschenbild im Recollectio-Haus

Überlegungen zur ganzheitlichen Ausbildung von Priestern und Ordensleuten

Das Menschenbild und das Kurskonzept im Recollectio-Haus:
»Geh deinen Weg vor mir und werde ganz.« (Genesis 17,1)

*A*ls psychologischer Begleiter und Supervisor im Recollectio-Haus und Pastoralpsychologe in der Priesterausbildung darf ich einen besonderen Blick auf den Werdegang von Priestern und Ordensleuten werfen. Aus dieser doppelten Perspektive heraus, bewegt mich die Frage, wie die Erfahrungen, die wir bei der Arbeit im Recollectio-Haus machen, die Ausbildung und Hinführung zum Priester- und Ordensberuf befruchten könnten. Könnte nicht mancher krisenhaften Entwicklung schon in der Ausbildung vorgebeugt werden?

Mir ist bewußt, daß die Erfahrungen aus zehn Jahren Arbeit im Recollectio-Haus nicht annähernd mit dem Erfahrungsschatz der jahrhundertelangen Tradition der Priester- und Ordensausbildung vergleichbar sind. Dennoch erlaube ich mir im Folgenden, einige Überlegungen und Anregungen für die ›Formation‹ – wie die Ausbildung und Hinführung zum Priester- und Ordensberuf auch genannt wird – aufzuzeigen.[1]

Das Menschenbild, dem sich das Mitarbeiterteam im Recollectio-Haus verpflichtet weiß, betrachtet die Person als Ganzheit. Im Zentrum des Entwicklungs- und Veränderungsprozesses steht der Klient mit seiner individuellen und einmaligen Lebens- und Glaubensgeschichte, mit seinen Anlagen, Fähigkeiten und Möglichkeiten, aber auch mit seinen Verwundungen und Grenzen. Ausgehend von der Gewißheit, daß jeder Mensch im Tiefsten seines Wesens von Gott gewollt und geliebt ist, und dazu aufgerufen ist, seine zum Teil auch ungeahnten Möglichkeiten zu entdecken und für sein Leben fruchtbar zu machen, nehmen wir im Rahmen unserer spirituellen und psychotherapeutischen Begleitungsarbeit den inneren Erfahrungsraum der Person in den Blick. Wir unterstützen die Klienten bei ihrer Selbstwahrnehmung und regen sie an, mit den in der Schöpfungsordnung grundgelegten natürlichen Erfahrungs- und Bewußtseinsebenen in Kontakt zu kommen und sie in den Wachstumsprozeß zu integrieren.

Verschiedene Übungen und methodische Zugänge beziehen sich auf

- die Ebene der Körperempfindungen und Leiberfahrungen
- den Bereich der Gefühle, Befindlichkeiten und Affekte
- die Ebene der inneren Bilder, Phantasien und Träume
- den Bereich der Gedanken und Vorstellungen (Kognition).

Die von uns in einer Haltung der Achtsamkeit und Wertschätzung behutsam angeleitete Selbstwahrnehmung und Selbsterfahrung berücksichtigt alle vier Erfahrungsebenen und ermutigt, das Wahrgenommene kreativ und verbal auszudrücken. Dies ist vor allem dann angezeigt, wenn die Klienten ihre Energie und Lebendigkeit in Symptombildungen wegpanzern und somatisieren, oder intellektuell rationalisieren.

Wir sehen ferner den Menschen in einer vierfachen Beziehungswirklichkeit, nämlich

- in der Beziehung zu sich selbst
- in der Beziehung zum Mitmenschen

- in der Beziehung zur Schöpfung und Natur
- in der Beziehung zum Schöpfer und Erlöser, zu Gott.

Im Verlauf des Kurses werden die Beziehungswirklichkeiten inhaltlich und thematisch aufgegriffen. Gemäß unserer ganzheitlichen Orientierung sind wir bestrebt, keine Grundbeziehung auszuklammern bzw. einseitig zu gewichten.

Ein letzter Gesichtspunkt unseres ganzheitlichen Ansatzes betont den Zusammenhang der Person mit dem beruflichen Alltag in der Seelsorge bzw. im Kloster, die Felddimension. Die achtsame Analyse der beruflichen und privaten Alltagssituation eröffnet einen verstehenden Zugang zur Erfahrung des ›Burn out‹. Hinzu kommt die Beobachtung unsererseits, daß an den vielfältigen Konflikten mit der Priester- und Ordensrolle, bzw. mit Zielgruppen in der Seelsorge häufig eine Vernachlässigung oder Mißachtung der eigenen persönlichen Grundbedürfnisse und des Privatlebens beteiligt ist.

Die Konzeption eines Aufenthalts im Recollectio-Haus berücksichtigt insgesamt die verschiedenen Aspekte des ganzheitlichen Menschenbildes und ermöglicht eine nachvollziehbare Zuordnung der einzelnen methodischen und inhaltlichen Angebote.

Neben der geistlichen und psychotherapeutischen Arbeit gehört die körperliche und praktische Arbeit im Haus bzw. in den Einrichtungen der Abtei zu unserem Wachstums- und Therapiekonzept.

Jeweils eine Gruppe von sechs Personen ist für vier Wochen im Küchendienst, im Hausdienst und in den Betrieben der Abtei tätig. Sie werden entsprechend angeleitet und in die Aufgaben eingeführt. Einmal in der Woche trifft sich die sogenannte ›Alltagsgruppe‹, um über die Erfahrungen bei der Arbeit und beim Zusammenleben des ›gemischten Konvents auf

Zeit‹ zu sprechen und Lösungen für eventuelle Probleme zu finden. Da das Küchenteam selbst erarbeiten muß, wie es sich organisiert und wie die Zusammenarbeit geregelt wird, trifft es sich darüber hinaus vierzehntägig zu einem Supervisionsgespräch. Nach vier Wochen wechselt das Team in einen anderen Arbeitsbereich, so daß jeder Klient und jede Klientin während des Kurses in allen drei Bereichen Erfahrungen sammeln, verschiedene lebenspraktische Fertigkeiten erwerben und kooperative Teamarbeit einüben kann.

Dimensionen der Persönlichkeitsbildung in der Priester- und Ordensausbildung

Auftrag und Ziel der Priester- und Ordensausbildung ist es, das geistliche Leben zu fördern und die menschliche Entwicklung der zukünftigen Seelsorgerinnen und Seelsorger unterstützend zu begleiten. Im Mittelpunkt dieses Formationsprozesses steht auch hier die Person mit ihren verschiedenen Dimensionen des Lebens und Erlebens. Der aus der Persönlichkeitspsychologie stammende Begriff vom ›inneren Erfahrungsraum‹, der Körperempfindungen, Emotionalität, Imagination und Kognition umfaßt, kann der Priester- und Ordensausbildung den Blick für einen ganzheitlichen Ansatz öffnen.

Aus den in der Grafik veranschaulichten Dimensionen läßt sich unschwer ein Begleitungs- und Förderprogramm entwickeln. Ein Ausbildungskonzept, das einerseits die Persönlichkeitsentwicklung unterstützen möchte und andererseits für die Seelsorgearbeit qualifizieren soll, bedarf heute eines differenzierten und ganzheitlichen Ansatzes. Inhaltlich und methodisch muß es erfahrungs-, situations-, prozeß-, wert-, handlungs- und qualitätsorientiert ausgerichtet sein.

Graphische Darstellung

kreative Ausdrucksformen

›lautes‹ Denken,
Sprechen

innere Bilder, Phantasien,
Imaginationen, Träume

Gedanken,
Vorstellungen

Der innere Erfahrungsraum
einer Person

Gefühle, Affekte
Emotionalität

Körperempfindungen
Leiberfahrung

direkter Gefühlsausdruck,
sprachliche Äußerungsformen

Körperhaltung,
Bewegung

Werden die vier Dimensionen des Erlebens und der inneren Erfahrung berücksichtigt, dann werden sowohl die Methodik als auch die thematischen Inhalte der Ausbildung reicher und der Wachstumsprozeß kann differenziert und umfassend unterstützt werden. Die spezifischen Entwicklungsprozesse der Ordens- und Priesterkandidaten, ihre Ressourcen und die noch zu fördernden Potentiale können anhand der Grafik diagnostisch verfolgt, reflektiert und gezielt verstärkt werden.

Beispielhaft seien einige Aspekte und Fragestellungen genannt, mit denen sich ein Auszubildender im Lauf der Formation beschäftigen sollte:

- Welchen Kontakt und Zugang habe ich zu meinem Körper und zu meinen Körperempfindungen?
- Wie sieht das Bild aus, das ich von meinem Körper in mir trage? Wie erlebe ich mich in meinem Körper (allgemeines Körpergefühl)?
- Wie sorge ich für meine körperlichen Grundbedürfnisse?
- Was signalisiert meine Körperhaltung, bzw. mein primärer Körperausdruck anderen und mir?
- Welchen Kontakt und Zugang habe ich zu meinen Gefühlen und Emotionen, zu meiner Grundstimmung und zu den Affekten?
- Welche Gefühle werden übermäßig kontrolliert (zum Beispiel Ärger, Aggression, Sehnsucht ...)? Welche lasse ich zu?
- Welche Empfindungen äußere ich spontan oder impulsiv?
- Wie drücke ich meine inneren Erfahrungen sprachlich, nichtsprachlich und körperlich aus?
- Wie nehme ich meine seelischen Grundbedürfnisse wahr und wie beantworte ich sie?
- Wie gestalte ich den Kontakt und den Zugang zu meinen inneren Bildern und Imaginationen, zu meinen Phantasien und Träumen?
- Welche graphischen Darstellungsmöglichkeiten und kreativen Ausdrucksformen sind mir vertraut?
- Habe ich Zugang und Kontakt zu meinen persönlichen Vorstellungen und Gedanken?
- Artikuliere ich mich (das, was ich persönlich denke) im Alltag?

Bei der Konzentration auf die Hinzuführenden sollten sich aber die Begleiter selbst nicht aus dem Blick verlieren. Das Modell vom inneren Erfahrungsraum und seine Ausdrucksformen ermöglicht eine fachliche Reflexion des eigenen Ansatzes, die Schwerpunktsetzungen und ›blinde Flecken‹ sichtbar werden läßt.

Mögliche Fragen an die Ausbildungsverantwortlichen wären:

- Wie sieht mein Menschenbild/mein Priesterbild aus?
- Welches Konzept der Formation leitet mich?
- Kommen die vier Dimensionen des Erlebens inhaltlich und thematisch vor? Habe ich sie im Blick und ›im Programm‹?
- Welche Dimension kommt zu kurz (blinde Flecken)?
- Wie motiviere ich meine Zielgruppe, sich nicht einseitig mit den gedanklichen und wissensmäßigen Bereich zu beschäftigen?
- Welche kreativen, erfahrungsorientierten und methodischen Zugänge sind mir vertraut und wie setze ich sie bewußt ein?

Die vier Grundbeziehungen des Menschen

Neben den genannten Dimensionen der Person machen die vier schon in der Einleitung erwähnten Grundbeziehungen gleichsam den Rahmen eines ganzheitlichen Prozesses deutlich.

Alle vier Grundbeziehungen, nämlich zu *sich selbst, zum Nächsten, zur Schöpfung und Natur und zu G o t t, dem Schöpfer und Erlöser* haben eine zentrale Bedeutung für ein erfülltes und seelisch gesundes Leben. Keine Beziehung kann über längere Zeit vernachlässigt werden, ohne daß dies zu einem Verlust und zur Beeinträchtigung von Lebendigkeit führen würde. Zu

welcher Art von Beziehung aber sollten Priester und Ordensleute befähigt werden? Gesunde und tragfähige Beziehungen
zeichnen sich aus durch eine positive Wertschätzung und dem
Bewußtsein, daß sie gepflegt werden müssen. Das Bemühen
um Offenheit, Achtsamkeit, Empathie, Verantwortung, Wahr-
haftigkeit, Engagement, Solidarität und gesunde Distanzierung
sind wichtige ›Bausteine‹ einer konstruktiven Beziehungs-
gestaltung.

Selbstliebe und Selbsterfahrung

Die Entwicklung und der Aufbau einer achtsamen und wert-
schätzenden *Beziehung sich selbst gegenüber* bedarf einer gewissen Selbsterfahrung und Selbsterkenntnis. Die Wahrnehmung
der eigenen Person und die Bewußtwerdung meiner selbst bezieht sich vor allem auf die genannten Dimensionen: Leib,
Emotionalität, Imaginationen, Träume und Kognition. Aber
auch persönliche ›Schattenthemen‹ wie beispielsweise unbewußte Projektionen, innere Antreiber, Vorurteile, Idealisierungen
u. a. erfordern unsere Aufmerksamkeit, da diese die Haltung
uns selbst und den Mitmenschen gegenüber maßgeblich beeinflussen und nicht selten eine angemessene seelsorgliche Zuwendung erschweren.

Eine zentrale Aufgabe der Hinführung und Begleitung liegt
darin, die persönliche Lebens- und Glaubensgeschichte bewußt
zu machen und aufzuarbeiten. Zukünftige Priester und Ordensleute müssen rechtzeitig lernen, sich selbst zu verstehen und
sich mit eventuell nachwirkenden lebensgeschichtlichen Herausforderungen und Verwundungen auszusöhnen. Ferner geht
es darum, die geschlechtliche Identität anzunehmen und die
leiblichen und seelischen Grundbedürfnisse zu beachten. Ent-
wicklungshemmende Verdrängungen und Einseitigkeiten zu

sehen und Abgespaltenes zu integrieren – wie zum Beispiel die
Vitalität und die Aggressivität, den Leib und den affektiven
Erfahrungsbereich, die männliche und weibliche Seite –, das
sind Aufgaben und Schritte, die einer behutsamen Begleitung
bedürfen. Hilfreich ist dabei ein geschützter Rahmen einer ver-
trauensvollen Beziehung, in der der einzelne all das zur Sprache
bringen, anschauen und nacherleben kann, was sein Menschsein und Christwerden ausmacht und was zu ihm gehört. Hier
sind geistliche Begleiter gefragt, die Zugang zur ›Spiritualität
von unten‹ haben und ihren Dienst im Bewußtsein von Thomas
von Aquin verrichten, daß »die Gnade natürliche Bedingungen voraussetzt und vollendet«. Aber auch pastoralpsychologisch
und psychotherapeutisch ausgebildetes Fachpersonal kann den
Wachstumsprozeß wirksam unterstützen.

Entscheidend für die Persönlichkeitsentwicklung in einem
Seminar oder in einem Ausbildungskolleg sind positive Vorbil-
der. Auszubildende und Anvertraute entwickeln sich erfahrungs-
gemäß nicht weiter und nicht schneller als die Leitungsverant-
wortlichen bzw. das Begleitungsteam. Ständige Weiterbildung
und Supervision sind unabdingbar. Sie tragen dazu bei, daß die
Verantwortlichen selbst im Prozeß bleiben und hinderliche
Verwicklungen und persönliche blinde Flecke reflektieren können.

Achtsame Beziehung zu anderen

Die Ausbildungsgruppe im Noviziat und die Kursgemeinschaft
eines Priesterseminars sind Orte, an denen eine von Achtsamkeit, Kollegialität und Empathie geprägte *Beziehung gegenüber
anderen* eingeübt werden sollte. Der Satz von Martin Buber:
»Am Du werde ich Ich«, gilt auch für die Formation. Gruppenprozesse und Kursaktivitäten brauchen Begleitung im Sinn von

Moderation und Supervision. Inhaltliche Arbeit allein, vor allem wenn sie primär den Verstandesbereich anspricht, fördert keine konsistente positive emotionale Einstellung dem anderen gegenüber und befähigt noch nicht zu einem angemessenen Gemeinschafts- und Sozialverhalten. Die Gruppe, das Ausbildungskolleg und die Hausgemeinschaft sind konkrete Begegnungsfelder, in denen ich lernen kann, meine *Selbstwahrnehmung* und die Weise wie mich *andere* wahrnehmen miteinander in Einklang zu bringen. Die Kommunikation und das Verhalten in der Gruppe ist der Prüfstein und das Übungsfeld für das zwischenmenschliche und gemeinschaftliche Handeln.

Wenn wir von sozialen Beziehungen sprechen, richtet sich der Blick auch auf Themen wie:

- Nähe und Distanz und die dazugehörende Angst vor Vereinnahmung bzw. die Angst, verloren zu gehen,
- das Aushandeln und Abstimmen unterschiedlicher Interessen,
- die Entwicklung einer Konfliktkultur,
- die Bedeutung der Beziehungs- und Kontaktpflege, von Freundschaften und der Gemeinschaft,
- Kooperation in verschiedenen Gruppenformen wie Dyade, Klein- und Großgruppe,
- Gruppenprozesse verstehen lernen.

Kompetente Ausbilder und Begleiter haben selbst Erfahrung im Umgang mit Gruppen, bzw. haben sich entsprechend weitergebildet. Sie sind dadurch befähigt, die Gruppendynamik zu reflektieren und Gruppen kooperativ zu leiten.

Da die Ausbildung zum Priester- und Ordensberuf in der Regel im Dienst der zukünftigen beruflichen Tätigkeit steht, muß sie dazu beitragen, daß Selbstverantwortung, Selbständig-

keit und Entscheidungsfähigkeit gefördert werden. Hier ist die
Konzeption eines Ausbildungskollegs gefragt. Erst wenn den
Auszubildenden ein hohes Maß an Selbstorganisation ihres Alltags in der Kurs- und Wohngemeinschaft ermöglicht wird, können sich Selbständigkeit und Eigenverantwortung entwickeln
und lebenspraktische Fertigkeiten erworben werden. In einem
Ausbildungskontext, in dem die wichtigsten Ordnungs-, Begeg-
nungs-, Kommunikations- und Zeitstrukturen (beispielsweise
der Tagesablauf) vorgegeben werden und eine vollständige Versorgung eingerichtet ist, kommen erwachsene Menschen nicht
selten in eine ›oralgetönte‹, regressive Haltung mit den entsprechenden Verhaltensweisen wie Unselbständigkeit und latenter
Unzufriedenheit. Wo eine Gruppe von einer versorgten zu einer für sich selbst und für andere sorgenden Gemeinschaft werden kann, wächst auch die Bereitschaft, Verantwortung zu übernehmen. Selbstaktivität und Selbststeuerung sind wesentliche
Merkmale erwachsenen Verhaltens. Die Aufgabe der Leitung
sollte sich in diesem Fall auf die Unterstützung der Prozesse der
Selbstorganisation und auf die Bereithaltung entsprechender
Hilfen verlagern. Leitung umfaßt dabei nicht Kontrolle und
Aufsicht, sondern besteht darin, sich Übersicht zu verschaffen
und Begleitung in Form von Reflexion des Alltags in der Gruppe und Supervision zur Verfügung zu stellen.

Achtsamkeit im Umgang mit der Schöpfung und Natur

Achtsamkeit im *Umgang mit der Schöpfung und Natur* gehört
zu den unverzichtbaren Aufgaben einer ganzheitlichen Priester-
und Ordensausbildung. Die Liebe Gottes offenbart sich u. a.
in seiner Schöpfung und im Reichtum der Natur. Der Mensch
kann Gott nicht an der Schöpfung und Natur ›vorbeilieben‹.

Darüber hinaus ist die Natur auch für uns leibliche Menschen ein Ort der Regeneration und ganzheitlichen spirituellen Erfahrung. Mit allen Sinnen Gottes Schöpfung entdecken, scheint gerade in unserer Zeit der Verstädterung und der virtuellen Welten ein vielfach notwendiger Schritt zu sein, der in eine neue Schöpfungsliebe und Gotteserkenntnis, in eine bewußte Erdung und spirituelle Tiefe hineinführt.

In der ganzheitlichen Ausbildung dürfen deshalb intensive Naturerfahrungen nicht fehlen. Keine Betrachtung eines Bildbandes in der Studierstube kann das Original ersetzen. Wo immer möglich, sind vielmehr mit Kreativität und Einfallsreichtum von Seiten der Begleiter unmittelbare Begegnungen und sinnliche Erfahrungen mit der belebten und unbelebten Natur zu fördern.

Achtsamkeit im Umgang mit der Schöpfung im Lebensalltag zeigt sich auch in einem einfachen und umweltbewußten Lebensstil. Der verantwortliche Umgang mit den Ressourcen, eine ausgewogene und gesundheitserhaltende Ernährung, die Verwendung von umweltschonenden Produkten, Abfallrecycling und praktizierte Mülltrennung sind heute Markenzeichen eines Lebensstils der Nachfolge. Die Bewahrung der Schöpfung erfordert gezielte Anleitung und Einübung in umweltbewußtes Handeln während der Ausbildungszeit.

Achtsame Beziehung zum Schöpfer und Erlöser

Menschen, die sich auf den Weg der Nachfolge einlassen, sind in der Regel von Gott berührte Menschen. Eine von Glauben und Vertrauen geprägte Gottesbeziehung scheint so selbstverständlich, daß die gesonderte Hervorhebung überflüssig erscheint. Aus gutem Grund sollten wir dennoch die *achtsame Beziehung zum Schöpfer und Erlöser* als Aufgabe einer ganzheitlichen Ausbildung und Hinführung in den Blick nehmen. Theoretische Auseinandersetzung und kognitiver Wissenszuwachs sind wesentliche Bestandteile des Theologiestudiums. Wo aber wird das persönliche Erfahrungswissen thematisiert? Wo die Weiterentwicklung des persönlichen Gottesbildes und der Gottesbeziehung bewußt unterstützt? Nicht immer wird der Platz Gottes auch wirklich für Gott freigehalten. Nicht immer ist die Gottessuche gleichsam die stärkste Sehnsucht derer, die Priester werden wollen bzw. in eine Ordensgemeinschaft eintreten. Manchmal hat Gott ganz andere Namen, wie Leistung, Erfolg, Abenteuerlust, Sozialprestige, materielle Sicherheit, nicht erwachsen werden wollen, usw. Es sind eben jene Themen und Beweggründe, die viel Energie auf sich ziehen und mit denen sich der Mensch bewußt oder unbewußt am intensivsten beschäftigt. Die in der frühen Kindheit verinnerlichten Gottesvorstellungen bedürfen einer Weiterentwicklung, gerade wenn sie krankmachende und schädliche Aspekte in sich tragen. Wachstumsprozesse vollziehen sich nicht ohne spirituelle Krisen und tiefgreifende Glaubenszweifel. Lebensgeschichtlich bedingte Einseitigkeiten im Gottesbild, die häufig unbewußt und deshalb sehr wirksam sind, müssen angeschaut, bearbeitet und gegebenenfalls losgelassen werden.

Es fällt auf, daß sich Studenten im Priesterseminar schwer tun, ihre Alltagserfahrungen und das, was sie bewegt und beschäftigt, frei und unmittelbar im Gebet vor Gott zur Sprache zu bringen. Sie gehen auf Nummer sicher, wählen vorformulierte Tischgebete und pflegen einen pflichtbewußten Umgang mit dem Stundenbuch. Das persönliche Gespräch mit Gott wird selbst in Kleingruppen wenig gepflegt. Viele haben Schwierigkeiten, Gott teilhaben zu lassen an ihren Erfahrungen, Fragen und Zweifeln. Sie sind nicht geübt, eine erwachsene Beziehung zu Gott aufzubauen und lebendig zu halten.

Spirituelle Hinführung darf sich nicht in der Einübung tradierter kollektiver Gebetsformen erschöpfen, sondern sie muß eine Haltung der Achtsamkeit dem Leben gegenüber und in der Beziehung zum Schöpfer- und Erlösergott wecken. Sowohl im persönlichen Gebet als auch im Gebet der Gruppe darf Leben zur Sprache gebracht werden. Nur so kann frühzeitig die Erfahrung gemacht und gefestigt werden, daß Spiritualität und Alltagsleben untrennbar miteinander verwoben sind und daß das Beten die Möglichkeit eröffnet, erwachsen und alltagsnah mit Gott als Gegenüber zu sprechen.

Keuschheit, Armut, Gehorsam

Eine besondere Herausforderung an die Ausbilder liegt in der Einübung der evangelischen Räte. Keuschheit, Armut und Gehorsam um des Reiches Gottes willen sind ohne spirituelle Verankerung und ohne ›spirituelle Techniken‹ auf Dauer nur schwer zu leben, wie unsere Erfahrung im Recollectio-Haus zeigt.

Es braucht über die Askese hinaus auch die menschliche Person unterstützende und verstehende Hilfen, soll die Integration der Sexualität, des Besitzstrebens und des Geltungsstrebens gelingen.

In der Begleitung von Ordensangehörigen und Priestern fällt uns immer wieder auf, wie wenig Menschen, die zölibatär leben, geistlich gerüstet sind für den Alltag, aber auch für die krisenhaften Herausforderungen im Lebenszyklus. Oft hat man den Eindruck, daß der Kampf mit der in der Schöpfungsordnung grundgelegten menschlichen Natur viel Energie und Kraft bindet.

Der Verzicht auf eine befriedigende sexuelle Beziehung stellt gerade für die jungen Menschen, die sich auf den Priester- und

Ordensberuf vorbereiten, eine große Herausforderung dar. Sie
befinden sich am Anfang des Prozesses der Integration der
Sexualität in die Spiritualität und sie spüren umso mehr das
Drängen des Sexualtriebs und die Sehnsucht nach einer
ganzheitlichen Beziehung. Unterdrückte Vitalität und Sexualität, abgespaltene Sexualität, Ersatzbefriedigungen, zwischenmenschliche Abhängigkeiten in gleichgeschlechtlichen Beziehungen, heimliche Freundschaften u. a. m. sind nicht selten die
Reaktionen und Kompromißbildungen. Sie lassen die Frage aufkommen, wie der zölibatäre Lebensstil dauerhaft auf gelunge-
ne Weise gelebt werden kann. Es reicht in der Regel nicht, mit
Willenskraft die ›Pforte der Sexualität‹ zu verschließen und die
›Pforte der Arbeit‹ zu öffnen, damit die menschliche Energie
fließen kann.

Beim Kampf mit der menschlichen Natur scheint immer
die Natur – oder besser: der Trieb – die Oberhand zu gewinnen:
»Naturam expellas furca tamen usque recurret.« – »Auch wenn
du die Natur mit einer Heugabel vertreibst, wird sie dennoch
zurückkehren.« Wie kann ein ehelos lebender Mensch, der um
die Nachfolge willen auf genitale Sexualität verzichtet, eine liebende und lebendige Frau und Ordensfrau, ein liebender und
lebendiger Mann, Ordensmann und Priester werden und bleiben? Diese zentrale Frage stellt sich für das gesamte Leben. Auch
wenn man persönlich die Ehelosigkeit als Charisma und als
Gnade der Berufung sieht, muß der Verzicht auf genitale Sexualität menschlich und spirituell flankiert werden. Die mit
der partnerschaftlichen Sexualität verbundenen menschlichen
Grunderfahrungen und Lebensvollzüge wie Fruchtbarkeit,
Mutter- und Vaterschaft, Leidenschaft, Zärtlichkeit, Liebe,
Entspannung, Befriedigung, Nähe, Körpererfahrung, Genuß,
Lust, Mann – Frau Begegnung, Bestätigung u. a. m. bedürfen
der Umlenkung auf andere Ziele und Aktivitäten. Was nicht

lebbar und umzulenken ist, muß verabschiedet und betrauert werden. Die Frage ist, wie dieser Prozeß während der Ausbildung positiv in Gang kommen und unterstützt werden kann. Priester und Ordensleute, die ihr Leben Gott weihen, finden sich in guter Gesellschaft der Tochter des Richters Jiftach (Ri. 11,34–40). Angesichts ihrer Bestimmung, Gott geweiht zu sein, nimmt sie sich Zeit, um ihre nicht gelebte Jugend und Sexualität zu beweinen und zu betrauern.

Es bleibt ferner die Frage: Wie kann der Mensch seine Identität als Frau oder Mann mit seiner geistlichen Identität als Ordensfrau und Ordensmann/Priester in einen positiven Einklang bringen?

Was die Identität der Frau anbelangt, so scheinen vor allem mütterliche Züge mit dem Ideal einer Ordensfrau vereinbar zu sein. Spätestens seit dem Film ›Sister Act‹ wurde neu bewußt, daß zum Frausein auch Qualitäten wie Sinnlichkeit und Vitalität gehören, die durchaus mit dem Ordensleben (zumindest auf Zeit) zu vereinbaren sind.

Für Männer bedeutet es keine Schwierigkeit, wenn sie ihr Priestertum in einer väterlichen, fürsorglichen Weise verwirklichen. Wo aber bietet die Rolle Raum für den ›wilden Mann‹, für seine kämpferische Seite, für seine Abenteuerlust oder das, was ihn eben zum Mann macht? Manche Idealbilder eines guten Priesters schließen wesentliche Seiten des Mannseins auf Dauer aus.

Was aber nicht integriert oder nicht bewußt verabschiedet, sondern nur ausgeschlossen wird, verkümmert und entwickelt nicht selten ein Eigenleben, das an anderer Stelle wieder zum Vorschein kommt (zum Beispiel bei den Themen Macht, Reichtum, Ansehen ...).

Im Recollectio-Haus begegnen uns demgegenüber auch Menschen, deren Geltungsbedürfnis und Selbstwertgefühl zu wenig entfaltet ist. Manche erscheinen im treuen Gehorsam den Vorgesetzten gegenüber angepaßt und unselbständig. Man hat den Eindruck, als bräuchten sie einen Fürsprecher oder ›Erlauber‹. Sie richten unerfüllbare Erwartungen und Ansprüche an ihre Oberen und Personalvorgesetzten gleichsam als Entschädigung für die Genügsamkeit und Loyalität. Man könnte es auch biblisch ausdrücken: Sie sind auf dem Weg ›ins Mannesalter Christi hineinzuwachsen‹ stehen geblieben. Sie müssen lernen, die eigene ›innere Oberin‹ und den ›eigenen Regens‹[2] in sich zu spüren und zu hören, das eigene Leben in die Hand zu nehmen und zu gestalten.

Eine andere Beobachtung betrifft das Thema ›Armut‹. Wir erleben bei unseren Klienten zwei ganz verschiedene Gruppen. Während die Priester mit einem guten Einkommen ausgestattet werden und dementsprechend ihr Geld auch ausgeben können, fällt deutlich auf, daß Ordensleute – vor allem Ordensfrauen – nur ein überaus bescheidenes Taschengeld von wenigen Euro im Monat zur Verfügung haben. Andererseits werden die Ordensleute innerhalb der Gemeinschaft umfassend versorgt. Beide Gegebenheiten können unter anderem dazu beitragen, daß der einzelne in ›kindlicher‹ Abhängigkeit bleibt, nicht selbständig wird und eigenverantwortlich weiterentwickelt.

Aus unserer Sicht wäre es dringend notwendig, bereits in der Formation offen, konkret und alltagsnah diese Thematik aufzugreifen und zu bearbeiten.

Seelsorge als Beruf

Das Haupttätigkeitsfeld von Priestern und Ordensleuten ist die Seelsorge bzw. die Mission. Dabei ändern sich die Einsatzbedingungen gegenwärtig wie kaum zuvor. Infolge knapper werdender personeller und materieller Ressourcen müssen

Schwerpunkte gesetzt und größere Seelsorgeeinheiten eingerichtet werden. Seelsorgerinnen und Seelsorger stehen vor der Aufgabe, ein den pastoralen Räumen angepaßtes Seelsorgekonzept und neue Formen der Zusammenarbeit (Teamarbeit) zu entwickeln. Die Priester- und Ordensausbildung ist herausgefordert, daß die zukünftigen Mitarbeiter auf die veränderten Bedingungen in der Seelsorge vorbereitet werden.

Das folgende Modell veranschaulicht den Zusammenhang einer Person, die den Priesterberuf anstrebt, mit verschiedenen Einflußgrößen, die bereits in der Ausbildung in den Blick genommen werden können.

Die Tätigkeit eines in der Seelsorge tätigen Priesters vollzieht sich in den Handlungsfeldern Martyria (Verkündigung), Diakonia (Diakonie/Nächstenliebe) und Liturgia (Liturgie). Die drei Grunddienste bauen im wesentlichen eine christliche Gemeinde auf. Gemäß dem Wort ›sacramentum propter homines‹ (›Heilszeichen für die Menschen‹) bringt die Tätigkeit den Priester mit verschiedenen Adressaten und Zielgruppen in Kontakt. Er hat den Auftrag, die leiblichen und geistlichen Werke der barmherzigen Liebe zu verwirklichen und an der Glaubensweitergabe mitzuwirken. Er übt neben der Priesterrolle verschiedene weitere Rollen aus, die mit unterschiedlichen Aufgaben verbunden sind. Seine Tätigkeit vollzieht sich im institutionellen Kontext der Kirche mit ihren ›Unternehmenszielen‹ und einer entsprechenden ›Unternehmensphilosophie‹. Der Priester arbeitet in der Seelsorge mit hauptberuflichen und ehrenamtlich tätigen Mitarbeiterinnen und Mitarbeitern zusammen. Er hat verschiedene Leitungsfunktionen. Und weil der Mensch ›nicht vom Brot allein leben‹ kann, bedarf es der Regulation und des Ausgleichs im Privatleben, womit der Möglichkeit, auszubrennen, vorgebeugt wird.

Seelsorgeziele: *Mitarbeit am Aufbau des Reiches Gottes*
Seelsorgefelder: *Martyria, Liturgia, Diakonia*

Privatleben

Hobbys, Interessen, Lieblingsbeschäftigungen

Freizeit

Freundschaft, Kontakte

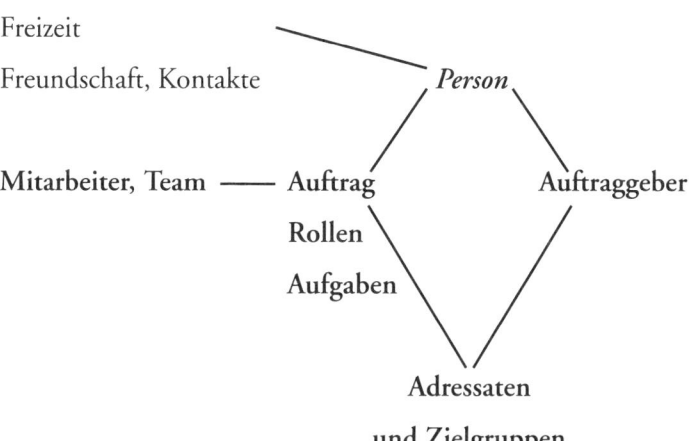

Mitarbeiter, Team —— **Auftrag**   **Auftraggeber**

Rollen

Aufgaben

Adressaten

und Zielgruppen

Person

Das Modell weitet den Blick. Es reicht nicht aus, den Einzelnen auf seinen Auftrag und die damit verbundenen Aufgaben vorzubereiten. Er muß sein Personsein annehmen, seine körperlichen, seelischen, geistigen und geistlichen Grundbedürfnisse kennenlernen und seine eigenen Zielsetzungen und Ideale verstehen. Er muß lernen, durch geeignete Freizeitaktivitäten für den Erhalt seiner Arbeitsfähigkeit zu sorgen.

Das künftige Tätigkeitsfeld in größeren Seelsorgeeinheiten erfordert die Einübung von Führungs- und Leitungskompetenzen in gleicher Weise wie die Fähigkeit zur Kooperation.

Die wesentliche Voraussetzung für das Gelingen des Zusammenspiels der in der Seelsorgearbeit beteiligten Personen ist und bleibt die lebendige Kommunikation. Kommunikation muß eingeübt werden und darf nicht vorschnell einer falsch verstandenen Gehorsamsverpflichtung zum Opfer fallen. Verantwortliche sind gut beraten, wenn sie selbst rechtzeitig Kommunikation pflegen und anbieten. Das mag im Einzelfall nicht immer einfach sein, sind doch die Interessen und Ziele des Einzelnen, eines Teams und der Gesamtorganisation im Blick zu halten. Manch ein chronisch gewordener Konflikt zwischen Vorgesetzten und Mitarbeitern aber hätte unserer Beobachtung nach verhindert werden können, wäre es zu einer rechtzeitigen Aussprache, zu einem taktvoll direkt geführten Gespräch und zu konstruktiver Konfrontation gekommen.

Die Zukunft wird zeigen, ob das Erfahrungswissen und die Erkenntnisse der spirituell, psychotherapeutisch und supervisorisch tätigen Begleiter Eingang in den Formationsprozeß finden und dort fruchtbar werden können. Der in der Erwachsenenbildung bekannte Satz, daß der erwachsene Mensch selten und nur schwer auf Vorrat hin lernt, scheint häufig auch auf der konzeptionellen Ebene zu gelten. Uns aber ermutigen die Ansätze in verschiedenen Ordensgemeinschaften und Priesterseminaren, wo das Konzept einer holistischen Formation weiterentwickelt und eine gute interdisziplinäre Zusammenarbeitet gepflegt wird.

Die Ausbildung von Priestern und Ordensleuten als ganzheitlicher und lebenslanger Prozeß

Beobachtungen • Trends • Deutungen
10 Thesen

*I. Die Nachfrage und das Interesse junger Menschen am Priester-
und Ordensberuf gehen zahlenmäßig deutlich zurück.*

Von dieser Entwicklung sind derzeit die meisten religiösen Grup-
pierungen und Berufsgruppen betroffen, die von ihren Mitgliedern eine Entscheidung auf Lebenszeit und eine Lebensweise entsprechend den evangelischen Räten erwarten.

Die Folge davon ist, daß sich der Spielraum für eine echte
Auswahl verkleinert. Die wenigen, die kommen, werden in der
Regel aufgenommen. Die Verantwortlichen sind bereit, mit
ihnen zu arbeiten, auch wenn gelegentlich die persönlichen
Voraussetzungen nicht günstig erscheinen.

*II. Die Aspiranten kommen aus den unterschiedlichsten Lebens-
situationen und bringen zum Teil gegensätzliche Voraussetzungen mit.*

Den klassischen Berufungsweg – Herkunft aus religiösen, kin-
derreichen und eher ärmeren Familien – scheint es heute immer
weniger zu geben. Neben den Interessenten aus Familien ohne
kirchliche Sozialisation, fällt vor allem die veränderte Lebenssituation in der Herkunftsfamilie auf: Wenige Geschwister, zum
Teil hoher finanzieller und materieller Lebensstandard.
Unterschiede zeigen sich auch in der körperlichen, seelischen,
intellektuellen und spirituellen Entwicklung der einzelnen Be-
werber. Entsprechend der Verteilung in unserer Gesellschaft

kann man die derzeitigen Zivilisationserkrankungen beobachten: Lebensmittel-Unverträglichkeit, Allergien, im einzelfall chronische psychosomatische Beschwerden auf der körperlichen Ebene. Manche Anwärter und Anwärterinnen haben schon die eine oder andere Ausbildung abgeschlossen.

III. In der Priester- und Ordensausbildung ist daher ein differenzierter Ansatz erforderlich, der die individuelle Situation der einzelnen berücksichtigt.

An die Begleiter in Postulat und Noviziat sowie in der Priesterausbildung werden hohe Erwartungen gestellt. Das Ausbildungsziel, die Zusammensetzung der Gruppe, die Gruppengröße – häufig die Kleingruppe – und die Verschiedenheit der einzelnen Personen erfordert einen differenzierten Ansatz. Traditionelle Methoden und Ausbildungsansätze reichen heute nicht mehr aus. Eine moderne Priester- und Ordensausbildung (Formation) muß erfahrungs-, situations-, prozeß-, wert-, handlungs- und qualitätsorientiert ausgerichtet sein.

Da Entwicklungsbegleitung ein sehr langwieriger und häufig auch sehr mühsamer Prozeß ist, der nicht immer zum gewünschten Ergebnis führt, bedürfen auch die Verantwortlichen einer unterstützenden Hilfe. Kollegialer Austausch und Fallbesprechungen, psychologische und spirituelle Weiterbildung, Supervision und eine gesunde ›Psychohygiene‹ sind heute unverzichtbare Standards für Ausbilder und Personalentwickler.

IV. Die Adressaten tun sich schwer mit den neuen Lernformen und -methoden.

Prozeßorientiertes ganzheitliches Lernen, das den Leib (Haltung, Gebärden), die Gefühle und Empfindungen, die inneren

Bilder und Phantasien und das persönliche Denken einbezieht, Zusammenhänge erfahrbar und bewußt macht und zum persönlichen Gespräch anregt, ist anstrengend. Selbsterfahrungsorientierte Methoden stoßen häufig auf Widerstand und Ablehnung. Vortragsorientierte Lernformen werden dagegen mehr akzeptiert.

V. *Die Zeit im Postulat und Noviziat sowie im Priesterseminar ist nicht selten eher eine ›Gärungs‹- als eine ›Klärungszeit‹.*

Im Zusammenleben in der Gruppe und in der Auseinandersetzung mit der Lebensweise während der Ausbildungszeit können unerwartete Entwicklungs- und Reifungsschritte aufbrechen. Im Idealfall werden sie nachgeholt und integriert. Wenn eine Person während der Zeit der Hinführung und Einübung ›auftaut‹ und mit nicht gelebten Seiten ihres Lebens in Berührung kommt, braucht sie eine genügend lange Klärungszeit, um herauszufinden, ob sie der gewünschten Lebensweise gewachsen ist und ob ihre vitalen Seiten darin Platz haben. Für die Ausbildungsverantwortlichen ist die Begleitung dieser Prozesse nicht einfach.

VI. *Durch die veränderten Gegebenheiten in der ›Startphase‹ des Ordenslebens heute sind Spannungen zwischen den verschiedenen Generationen in einer Ordensgemeinschaft unvermeidbar.*

Es braucht viel Menschenkenntnis und Einfühlungsvermögen, um die schwierigen Entwicklungsprozesse zu verstehen und mit Geduld die notwendige Reifung und Einübung geschehen zu lassen. Ältere Ordensmitglieder werden mit der Zeit ihres eigenen Eintritts konfrontiert. Sie stellen sich manchmal die kritische Frage, ob die heutige Art der Ausbildung die richtige sei, wo doch früher weit weniger Aufwand zu besseren Ergebnissen geführt habe.

Wenn sich ein Konvent der Postulats- und Noviziatsausbildung annimmt, sollte sich jedes Mitglied ernsthaft prüfen, ob es innerlich genug Liebe und Wertschätzung den jungen Menschen gegenüber aufbringt, so daß die Aufgabe der Begleitung angst- und konkurrenzfrei mitgetragen werden kann. Die Aufarbeitung der eigenen Formationszeit und die Aussöhnung mit ihr ist hierfür eine sinnvolle und notwendige Voraussetzung.

VII. Aus- und Weiterbildung dürfen nicht nur die Person im Blick haben, sondern müssen auch die Gemeinschaft selbst mit ihren institutionellen Strukturen einbeziehen.

Das Bildungsverständnis verändert sich gegenwärtig in der Gesellschaft. Wurde Bildung vor einigen Jahren noch primär als Anpassungsprozeß einer Person an vorgegebene Ziele verstanden, die mit Hilfe bewährter Methoden erreicht werden sollten, so verlagert sich heute die Sichtweise auf die ›lernende Organisation‹.
Eine Ausbildungsgemeinschaft ist ein lebendiger Organismus, ein offenes System. Der Bildungsauftrag zur menschlichen und spirituellen Reifung richtet sich gleichermaßen an die einzelne Person, die Gemeinschaft, die Leitung und an die institutionellen und organisatorischen Gegebenheiten der Gemeinschaft. Veränderung, so der Ansatz, bezieht alle Ebenen mit ein. Wurde in der Vergangenheit die Tatsache, daß eine Person den Formationsprozeß abgebrochen hat, individualisiert – man rationalisierte den Weggang mit dem mangelnden Glauben oder einer mangelnden Opferbereitschaft –, so fragen sich jetzt die Verantwortlichen und die betroffene Bezugsgruppe: »Welcher

Anteil, welche Haltung unsererseits, welche Thematik und welcher gemeinschaftliche Umgang damit, welche strukturelle Defizite und organisatorische Systemmängel haben zu dieser Entwicklung beigetragen? Welche Lernerfahrungen können wir für den Ausbildungsprozeß und das Zusammenleben in der Gemeinschaft nutzbar machen?«

Formation wird unter diesem Blickwinkel ganzheitlich, nämlich zu einem Prozeß der Erneuerung, der alle beteiligten Personen und Strukturen ergreift und auch zu einer Entwicklung der Gemeinschaft führen kann.

VIII. Holistische Formation stellt unter dem Blickwinkel menschlicher und spiritueller Entwicklung die Ziele und die ›Unternehmensphilosophie‹ einer Gemeinschaft bzw. der Institution auf den Prüfstand und trägt dadurch zu einer Verbindung von Ideal und Wirklichkeit bei.

Jede Gemeinschaft und auch jedes Teilsystem, wie es zum Beispiel ein Priesterseminar darstellt, entwickeln in der Interpretation ihres Auftrags eigene Zielsetzungen, die zum Teil ausgesprochen und bewußt, zum Teil unausgesprochen und unbewußt das gemeinschaftliche Leben prägen. Darüber hinaus wirkt eine entsprechende Unternehmensphilosophie, die beipielsweise in Aussendungsreden und bei Jubiläen artikuliert wird. Es gibt verengte Zielsetzungen und ›Philosophien‹, die die menschliche und spirituelle Reifung erschweren oder gar blockieren. Einseitige, die menschliche Natur überfordernde, ja krank machende Anteile in den Zielsetzungen und in der ›Unternehmensphilosophie‹ bewußt zu machen, ist ein wesentlicher Bestandteil eines zeitgemäßen Formationsauftrags. Das Erfahrungswissen an der Basis muß bei der Weiterentwicklung des Konzepts und des Selbstverständnisses Eingang finden.

IX. *Nicht nur die Jungen, sondern vor allem auch Ordensleute und Priester in der Lebensmitte bedürfen einer besonderen menschlichen und spirituellen Unterstützung.*

Obwohl sie in Ordensgemeinschaften häufig eigentlich als die Jüngeren gelten, steht für viele Brüder und Schwestern in den besten Jahren die Frage einer menschlichen und geistlichen Zwischenbilanz im Raum. Die Wahrnehmung körperlicher Grenzen und Beschwerden, das Erleben innerer geistlicher und seelischer Leere und Müdigkeit (Burn out) erfordern neue Möglichkeiten des ›Auftankens‹ und Innehaltens.

Die gezielte Entwicklung und Gestaltung von Sabbat- und Recollectio-Zeiten stellt sich als neue Aufgabe lebens- und berufsbegleitender Formation dar.

X. *Ältere Priester und Ordensleute bedürfen einer begleitenden Hilfe für die Gestaltung des letzten Lebensabschnitts.*

Alle, die sich selbstlos einsetzen, Pionierfunktionen übernehmen und sich so sehr mit den anstehenden Aufgaben identifizieren, daß sie dabei selbst nicht nur zu einer Persönlichkeit, sondern zu einer Institution werden, stehen vor der schwierigen Herausforderung, loszulassen, wenn die Kräfte schwinden oder wenn eine Einrichtung aufgegeben werden muß. Diese Situation führt manche Person in eine menschliche und spirituelle Krise. Der Prozeß des Loslassens braucht Unterstützung. Würdigungs- und Abschiedsarbeit ist zu leisten, der innere und äußere Abschied und der zukünftige Lebensabschnitt wollen gestaltet werden. Für diese zentralen und wichtigen Aufgaben bedarf es begleitender Hilfen, wo die eigenen menschlichen und spirituellen Ressourcen nicht ausreichen.

Aus diesen Beobachtungen, dargestellten Trends und Deutungen ergibt sich:

Formation ist ein lebenslanger, holistischer Prozeß, der von allen Verantwortlichen in Klöstern und Diözesen als ein solcher betrachtet werden sollte.

Teil III

Sich Sammeln
Meditationen

Viktoria Radermacher, 6/2000

Michael Frey

Das Kreuz und andere Sinn-Bilder

Meditation zur Vernissage der Ausstellung »Reco-Leute bekennen Farbe« am 16. Juli 2000 in Münsterschwarzach

Das Kreuz

Zwei Balken, mehr nicht.
Oft gesehen.
Es gehört dazu
in unserem Kulturkreis.
Es gehört sich so,
es zu tragen
oder
im Zimmer aufzuhängen.
Unsere Ausstellung
braucht mehr
als nur zu sagen
»Ah, ja, ein Kreuz!«
Sie will
dem Geheimnis des Kreuzes
etwas mehr
auf die Spur kommen.

Oben und unten

Fest verwurzelt bin ich.
Mit beiden Beinen auf dem
Boden
 – steh ich.
Aufgespannt
zwischen Himmel und Erde.
Die Schwerkraft
zieht mich nach unten,
aber die Kraft nach oben
ist stärker.
Die Lebenskraft.
Der Zug in eine Wirklichkeit,
die dieses Leben
übersteigt.
Oben und unten,
das gilt
für den
Stamm des Kreuzes
wie für den
Baum des Lebens.
Verwurzelt
in der Erde,
im Dreck,
im Schlamm,
in den scharfkantigen Steinen,

die den Wurzeln erst
Halt geben.
Wenn es anders wäre,
ohne festen Boden,
würde ich
weggeblasen
vom kleinsten Wind.

Begegnung

Wendepunkte.
Zeiten,
wo alte Wahrheiten
nicht mehr
gelten,
wo
Gemeinplätze
in Frage gestellt
werden.
Damaskus,
biblisch gesprochen,
Camp David,
politisch betrachtet.
Linkes
in Rechtes
wenden.
Begegnung
findet statt.
Am Kreuz
und
unter dem Kreuz.

Vielleicht
die spannendste Begegnung
aber
ist
die mit mir selbst.
Das Kreuz
kann dabei helfen:
Der Balken
des Kreuzes
stellt sich quer,
er läßt
keinen
an seiner Wahrheit
vorbei.

Gesichter

Das Kreuz
ist uns
ins Gesicht geschrieben.
Augenbrauen und Nase
– es braucht
nicht viel Phantasie,
sich das ganze
Gesicht
vorzustellen.
Kunst
ist Beschränkung.
Ein Foto,
punktgenau abgemalt,
gibt vielleicht

Fleißkärtchen
und ruft
Entzücken
hervor,
ist aber
im Grunde
Handwerk.
Digitalkamera,
Computer
und Drucker
machen es genauso,
nur
schneller.
Das Gesicht
kann
verbergen
oder
offenbaren.
Obwohl vielleicht
gerade
das verbergende Gesicht
viel von sich
offenbart.
Mein Gesicht
im Spiegel des Kreuzes
betrachten.
Mich selber entdecken,
oder Wesenszüge von mir,
in den
Gesichtern
und
Masken.

Mir selber
näherkommen,
wenn ich
auf ein Bild
zugehe.
Und damit auch
Gott näher kommen.

Befreiung

Das Kreuz
lebt.
Auch
wenn es fest
in den Boden
eingegraben ist,
es bleibt
nicht so,
wie es
ist.
Das Kreuz
lädt ein,
loszulassen,
Wunden
heilen zu lassen.
Es stiftet an
zur inneren
Bewegung,
wenn ich äußerlich
noch gefesselt bin,
es stiftet an

zum Aufstand,
auch wenn ich
unter ihm
gefallen bin.
Es macht
Mut
zum
Aufstehen,
zum
Aufstand.
Aufstehen
und
Auferstehen
gegen
innere Unterdrückung:
am Kreuz
beginnt es zu
leben.

Suche

Wer
alles weiß,
wer
sich ganz sicher ist,
braucht
kein Kreuz.
Der
braucht einen
Punkt
oder ein

Ausrufezeichen,
aber
kein Kreuz.
Mit dem
Kreuz
verbunden
ist das
Suchen und Fragen.
Und so
finden sich
die Rundungen
des »S«
oder
des Fragezeichens
in der Haltung wieder,
wie der
Leib Jesu
auf vielen
Kreuzesdarstellungen
abgebildet ist.
Das Kreuz
ist in seiner
Wirklichkeit
viel zu brutal,
um es zu verharmlosen.
Deshalb
darf
ich mich
vor's Kreuz hinstellen
und fragen:
Wie konnte
so etwas passieren?

Wie konntest Du
so etwas zulassen?
Wie kannst Du
uns Menschen
einfach so
im Stich lassen?
Herr,
ich möchte ja
glauben,
aber
zeige mir,
wie.

Licht und Schatten
des Lebens,
Licht und Schatten
meines Lebens,
auch das
spiegelt sich
in den
beiden Balken
des Kreuzes.

Meinrad Dufner

Maske
Chance der Lebendigkeit

*M*an kann über jemanden reden hören: »Der trägt ja dau-ernd eine Maske.« Dieses Urteil meint, die Person ver-stelle sich, sei unecht, täusche etwas vor. Also hat die Maske eher etwas enthüllt, sie verrät etwas, sie ist gar nicht zu überse-hen. Tatsächlich taugt die Maske, im Alltag getragen, ganz schlecht zur Tarnung, weil wir sie spüren, und damit die mas-kierte Person eher mehr von sich preisgibt, als von sich verber-gen kann. Um diesen Gebrauch und derart Erleben von Maske soll es jetzt nicht gehen.

Das Leben ist voller Masken, wir kämen ohne die wortlo-sen Mitteilungen einer Verkleidung gar nicht aus. Wer hält schon an, wenn ein Mann im gelben T-Shirt mit weißrotem Täfel-chen winkt. Sehe ich aber, noch weit genug vorne eine Gestalt im grünen Anzug mit Mütze und rotweißer Kelle winken, pocht mir das Herz. Ich fühle mich ertappt, obwohl ich noch nicht einmal weiß, was ich falsch gemacht habe. »Polizei, Ihre Papie-re bitte!« Beim Militär bedarf es keiner wortreich langen Vor-stellung und vorsichtigen Annäherung. Uniform, Achselklap-pen, Schulterabzeichen verraten auf den ersten Blick, ob ich meinem Gegenüber unter- oder übergeordnet bin. Das hohe Gericht tritt vielerorts in besonderer Kleidung auf, und man kann sich im Verhandlungssaal der Kraft dieses Auftrittes kaum entziehen. Visiten von Chefärzten haben manchmal weniger mit medizinischer Vernunft zu tun, als vielmehr mit einer Epiphanie der Götter in weiß, hierarchische Stufung des akademischen Olymps. Ordenschristen kleiden sich in ein feierlich überreichtes Habit und wollen damit vor allem Wort, Aussage und Mitteilung sein.

Schließlich, wenn wir genau hinsehen, ist jede Mode eine Art Maske, die mich sofort zuordnet, einreiht oder bewußt ausgrenzt. Sie zeigt die Aspekte einer Person, welche diese betonen möchte. »Ich gehöre der Oberschicht an.« »Ich bin ein Unkonventioneller.« »Ich bin die ganz Besondere.« »Ich bin ein Penner, ich bin ein Punk.«

Alle diese Kleidungen verbergen viel anderes, was ich auch noch bin, zugunsten der Gestalt, als welche ich von den anderen gesehen sein möchte, zugunsten der Rolle, die ich jetzt einnehme.

Daß wir die Rollen täglich mehrmals wechseln, daß wir ihre Verkleidungen an- und ausziehen, ist normal, ist sogar notwendig. Man stelle sich vor, wenn der Herr Lehrer daheim für Frau und Kinder auch und vor allem nur Lehrer wäre – was für ein Terror! Ein Polizist darf auch Liebhaber für seine Frau und Kegelbruder für seine Vereinskumpel sein. Ja, schließlich ist ein Priester auch nicht immer und überall der Priester, sondern er wird auch Fahrradfahrer, Theaterbesucher, Handwerker oder Freund sein. Er wird sogar in der Badewanne liegen und hoffentlich nicht mit Mitra, Habit oder Stola.

Es gibt eine Gefahr: Die jeweilige Berufsrolle, für manche auch die Berufskleidung, wird zum allein wesentlichen Selbstausdruck, der die vielen anderen Qualitäten verdrängt oder ausgrenzt. Ich identifiziere mich einseitig mit der einen Maske, der einen Rolle, dem Status. Ich kann nur noch das Eine sein. Und was alles geht verloren! Es ist bekannt, wie Ordensfrauen ohne ihren Schleier sich geradezu entblößt vorkommen können. Ja, es kann auch eine unerlaubte Identitätsanleihe geschehen. Ich erinnere mich, daß ich als junger Ordenschrist an Seele und Leib meine Jeans trug und diese Kleidung eher paßte, während der feierliche Habit mich zu einer Gewichtigkeit vergrößerte, der mein Herz, mein Denken und Fühlen noch nicht gewachsen war. Wie wichtig, daß ich mich dem ungeschützten, studentischen Zivil immer wieder aussetzte, um Entwicklungsschritte nicht zu verkürzen. Es ist gelegentlich zu beobachten, daß, je höher gestellter, je ausschließlicher eine Rolle in Gesellschaft oder Kirche, sie um so gefährlicher und eingrenzender für den Menschen ist, den ganz realen Menschen, der Pfarrer, Bischof, Papst oder Kanzler ist.

Rollenwechsel, unterschiedliche Masken der Gestalt gehören zur Lebendigkeit des Lebens. Je öfter und leichter sie wechseln, umso beweglicher und lebendiger bleibt der reale Mensch, der dies viele ist und sein darf. Wir kennen doch die befreiende Erfahrung, das gebügelte Bürojacket und den engen Schlips mit dem Blaumann des Hobbyhandwerkers tauschen zu dürfen. Als Kind hatte ich eine ›Sauigelhose‹, die war Kleidung und Lebensgefühl in einem. Schließlich erzwingt heute kein Theaterbesuch mehr das Abendkleid, aber es tut gut, sich elegant und herausgeputzt zu zeigen. Das einfache Fastnachtsspielen gehört hierher. Der Kleine wird zum Großen, ein König, ein Prinz. Der Eingebürgerte darf freier und wilder Indianer sein. Der so Anständige spielt mal den wilden Mann oder die Hexe.

Ohne Scheu dürfen wir in diesem Zusammenhang den Wechsel ins liturgische Gewand stellen. Nicht Gott bedarf der Paramente. Wir bedürfen der Überhöhung, um des Hohen bewußt zu werden, um es begehen und feiern zu können.

Ja, es geschieht noch etwas Weiteres: Das besondere Gewand, die klar festgelegte Maske (z. B. König, Krieger, Priester, Eva usw.) zeigt nicht nur nach außen die Rolle, Zuordnung und Funktion, sie vertieft und bildet diese auch nach innen. Das Gebetsgewand ist eine reale Hilfe für das Gebet. Die Theatermaske evoziert im Schauspieler die Rolle, die sie ausdrückt. Das war jedes Mal zu beobachten, wenn die Theaterprobe erstmals mit Kulissen und in Kostümen stattfand. »Kleider machen Leute.« In allen Kulturen ist die numinose Kraft der Verkleidung oder Entkleidung bekannt und als Realität erfahren worden. Weitgehend ist die Maske das wesentliche Medium, um das Tor zum Transpersonalen und Archetypischen aufzustoßen. Ein Großteil afrikanischer Masken dient der Repräsentanz der Ahnen. Andere Maskierungen vergegenwärtigen den Tod oder den Bösen. Diesen Gestalten muß der männliche Initiant begegnen, an ihnen einen Immunisierungsschock erfahren. Mittels dieser Begegnung durchstößt er die Enge seiner Ichwelt.

Die religiösen Gewandungen haben keine individuell persönliche Aussage. Sie versetzen vielmehr ihren Träger, ihre Trägerin in die archetypischen Rollen von PriesterIn oder HeilerIn.

Mein alemannischer Dialekt nennt die Maske ›Larve‹. Ja, es ist eine tiefe und alte Erfahrung meiner Heimat, daß die Larve eine Entwicklung, eine Einweihung, einen Wachstumsvorgang beschreibt, ihn einübt und ausübt, daß das Leben Larven braucht.

Mit der Larve hört die persönliche Identität auf. Der in der Larve steckende Mensch darf möglichst nicht erkannt werden. Er ist ein Teil der anderen Welt: die wilde Kraft der Natur, die Lichtkraft gegen das Böse oder das Lachen über sonst so mächtige Realitäten. Im Tragen der Maske geschieht derartig eine Überhöhung und Reinigung. Ja, die Maske initiiert in die andere Wirklichkeit hinein: Natur, Licht, Dunkelheit, Aufhebung einer scheinbaren Realität im Humor.
Daher Maske, Chance der Lebendigkeit.
Der Mensch kann nicht sagen, ich bin immer derselbe, ich bin einer und mehr nicht. Er bedarf der Entwicklung, des langen Aufzählens und allmählichen Buchstabierens – eben der Mas-

ken, Larven, Rollen. Das Leben wird in einzelnen Auftritten und unterschiedlichen Rollen, in Wiederholung und Veränderung erlernt. Würde diese zugunsten einer endgültigen Definition vereinfacht und vereinheitlicht werden, entstünde Fragwürdiges.

Ich blättere in der Bibel. Da erschließt sich auch Gott als Erfahrung; Erfahrung beim Sternenhimmel in der Abrahamsverheißung, als Treuezusage an Moses, als Vater, als Mutter, als Fels, Burg und Hirte. Die Bibel ist voll realpräsentischer Bilder, bis sie schließlich einem Juden aus Nazareth den Namen ›Kyrios‹ oder Christus gibt. Gott selber – *Er* in seinem unfaßbaren Geheimnis erscheint, im Menschensohn, im Geist, der die Gemeinde packt. Alle diese Masken sind Durchblicke zum Unsagbaren der Gottheit, Personen des einen Wesens.

Und insofern jeder Mensch nach Gottes Ebenbild geschaffen ist, begegnet uns der Mensch auch in der Vielheit seiner Gestalten, im Wechselspiel seiner Ausformungen; was aber das Geheimnis des Menschen wirklich ist – wer kann es fassen? Je lieber man einen Menschen hat, umso mehr weiß man um seine Unfaßbarkeit. Mit der Maske, der Larve, der Rolle, mit diesen Hilfsformen üben wir, bilden wir aus und bilden ein, tasten wir uns zur Vollgestalt vor, die wir vielleicht sein sollten, sein dürften.

Ich schließe mit Poesie:

Das Kleid

Ich lauf herum
im schwarzen Kleid
und rede dauernd,
rede laut,
obgleich ich schweig.

Es tönt von Gott,
von Kloster,
von Gebet und Leben und Segen.

Und viele Brüder
trag ich mit.
In diesem Kleid
bin ich zu zweit,
zu viert, zu dritt
und zu unzählig;
tausend Jahr mehr
trag ich einher.

Ein schwarzes Kleid
kann rot von Blut
und braun von Erde,
kann weiß vom Staub und grau vom Alter sein.

Ich paß in dieses Kleid
noch lang nicht rein.

Ich werd' es nie
und trag es doch,
so bin ich fast mit Hoffnung
nur bekleidet.

Und die heißt
gegen allen Argwohn der Geschichte:
»Kleider machen Leute«.

Auch heute
soll das Kleid

mich zieh'n,
wie Hobel und Balken
den Schreiner glätten
geduldig –
und mählich.

Wie der Schäfer
zum Lamm wird,
und der Bäcker sich selber
Nacht für Nacht
in Magenbrot tauscht.

Anselm Grün

Tanze deine Sehnsucht

W enn wir still in uns hineinhorchen, so kommt irgendwann einmal in jedem von uns eine unendliche Sehnsucht hoch. Es ist die Sehnsucht, das Geheimnis zu berühren, ans Ziel zu kommen. Ja, letztlich ist es die Sehnsucht, Gott selbst zu erfahren, der allein unsere Sehnsucht zu erfüllen vermag. Viele werden von ihrer Sehnsucht verzehrt. Wer seiner Sehnsucht keinen Ausdruck geben kann, der wird durch sie eher gelähmt und traurig. Er spürt nur den Schmerz zwischen der Wirklichkeit seines Alltags und der unendlichen Sehnsucht, die ihn weit über die Realität seines Lebens hinausträgt. Manch einer drückt seine Sehnsucht in einem Gedicht aus, ein anderer, indem er malt oder musiziert. Seit jeher war der Tanz Ausdruck unserer unendlichen Sehnsucht. Für den Philosophen Ernst Bloch drückt der Tanz unsere Hoffnung nach dem ganz anderen aus. Er schreibt: »Der Tanz war stets die erste und leibhaftigste Form, auszufahren. An einen anderen Ort als den gewohnten, wo man sich als Gewohnter befindet.« Der Tanz verzaubert den Menschen. Er führt ihn in eine andere Welt, in die Welt der Leichtigkeit und Freiheit. Er schreitet, wie Bloch meint, »den Wunsch nach schöner bewegtem Sein aus, faßt es ins Auge, Ohr, den ganzen Leib und so, als wäre es schon jetzt.«

Du mußt diese Sehnsucht gar nicht genau benennen. Du brauchst Dich auch gar nicht zu fragen, wonach Du Dich wirklich sehnst. Traue einfach Deiner Sehnsucht und schreite sie aus, tanze Deine Sehnsucht. Sie wird Dich verzaubern und in eine andere Welt ausfahren lassen. Sie wird Dich ein wenig in das

Paradies versetzen, in der Du Deine ursprüngliche Schönheit und Freiheit erahnst.

Sehnsucht nach der Mitte

Viele Menschen erleben sich als ruhelos. Sie können nicht abschalten von den Sorgen ihres Alltags. Und wenn sie einmal Stille erfahren, macht es sie eher unruhig. Manche geraten sogar in Panik, wenn einmal nichts los ist, wenn sie sich nicht durch irgendetwas ablenken können. Sie haben Angst, sie könnten mit ihren Enttäuschungen und Verletzungen konfrontiert werden. Sie haben ihre Mitte verloren. Der Tanz drückt unsere Sehnsucht aus, unsere Mitte wieder zu finden, in der wir zu Hause sind, in der wir Ruhe finden. Der Tanz kreist um eine Mitte. Es kann eine Kerze sein, die mit der brennenden Flamme unsere Sehnsucht nach Liebe und Wärme, nach Heimat und Geborgenheit ausdrückt. Es kann ein Blumenstrauß sein, der unserer Sehnsucht nach Schönheit entspricht. Manchmal ist es auch nur ein leerer Raum, die Ahnung von einer Mitte, die wir nicht beschreiben können. Aber immer dreht sich der Tanz um eine Mitte. Wir tanzen um die Mitte, um in unsere eigene Mitte zu kommen. Wer die Mitte verloren hat, der läßt sich von den vielfältigen Aufgaben und Sorgen des Alltags zerreißen. Er kann nicht mehr aus einer Mitte heraus reagieren, sondern wird von außen her bestimmt. Er spielt die verschiedensten Rollen je nachdem, welche gerade von ihm erwartet wird. Er ist nicht bei sich, sondern außer sich. Er hat mit seiner Mitte auch sein wahres Ich, sein Selbst, verloren. Er wird manipuliert, von außen her bestimmt.

Tanze immer wieder um die Mitte, damit Du Deine Mitte findest, damit Du den Raum in Dir findest, in dem Du bei Dir selbst daheim bist, in dem Heimat und Geborgenheit sind, Licht und Wärme, Schönheit und Stimmigkeit. Es gibt in Dir einen Raum, in dem es ganz still ist, zu dem kein Mensch Zutritt hat, in dem Gott selbst in Dir wohnt, in dem Du ganz heil bist und ganz. An diesem Ort haben die Menschen mit ihren Erwartungen und Ansprüchen, mit ihren Urteilen und Verurteilungen keinen Zutritt. An diesem Ort hat niemand Macht über Dich, da bist Du ganz Du selbst. Da kann Dich niemand verletzen, da bist Du in Gott. Tanze um die Mitte, um in Deine Mitte zu kommen!

Sehnsucht nach Deiner wahren Gestalt

Wer die Mitte verloren hat, der weiß nicht, wer er eigentlich ist. Er spielt soviele Rollen, daß er gar nicht mehr sagen kann, wer er im tiefsten ist: *Wo ist der Punkt, wo ich wirklich »Ich« sagen kann? Wer bin ich? Bin ich nur der Sohn oder die Tochter meiner Eltern? Bin ich nur Befehlsempfänger, Beitragszahler einer Krankenkasse und Rentenversicherung, Bürger, Arbeitnehmer? Oder bin ich nicht ein einmaliges Bild Gottes?*

Die Mystiker aller Zeiten sind überzeugt, daß jeder von uns ein einzigartiges Bild ist, das Gott sich nur von diesem Menschen gemacht hat. Und unsere ganze Aufgabe ist es, dieses einmalige Bild Gottes in dieser Welt sichtbar werden zu lassen. Jeder hat seine urpersönliche Ausstrahlung. Es ist das Ziel unseres Lebens, daß durch uns hindurch das ursprüngliche und unverfälschte Bild Gottes immer klarer hindurchstrahlt. Im Tanz tanzen wir uns immer mehr in dieses einmalige Bild Gottes hinein. Wir lassen die Zwänge los, die uns im Alltag in ein Korsett spannen. Wir verlassen die Enge, die gewohnten Bewegungen. Wir tanzen uns hinein in die Wahrheit unseres Seins, in das Geheimnis, daß jeder von uns einmalig ist. In jedem Schritt, auch wenn er vorgegeben ist, in jeder Gebärde, auch wenn sie uns vorgeschrieben wird, drücken wir unsere Sehnsucht aus, daß wir uns nicht nach den anderen richten müssen, sondern selbst leben, uns selbst spüren, das Geheimnis unserer einzigartigen Gestalt erahnen.

Spüre Dich selbst in jedem Schritt, komme in Berührung mit Dir in jeder Gebärde und feiere das Fest Deines Lebens, das Fest Deiner unantastbaren Würde, das Fest, daß Gott selbst sich in Dir auf einmalige und einzigartige Weise ausdrücken möchte.

Sehnsucht nach Einssein mit Dir

Manchmal fühlen wir uns innerlich und äußerlich zerrissen. Jeder zerrt an uns, jeder möchte etwas von uns. Wir wissen gar nicht mehr, wo uns der Kopf steht. Wir sind hin- und hergezerrt zwischen den verschiedenen Bedürfnissen und Wünschen, zwischen den Emotionen, die so schnell aufeinanderfolgen. Wir fühlen uns gut, und im nächsten Augenblick schon ist nichts mehr davon zu spüren. Da sind wir nur noch ein Häufchen Elend. Diese Erfahrung der Zerrissenheit haben schon die Griechen beschrieben. Sie fühlten sich zerrissen zwischen Geist und Trieb, zwischen Himmel und Erde. Die Bibel berichtet uns von dieser Zerrissenheit, wenn Menschen von Dämonen hin- und hergezerrt werden. Paulus fühlt sich zerrissen zwischen dem, was er will, und dem, was er tatsächlich tut. Seit jeher sehnen sich die Menschen, eins zu sein, die Zerrissenheit aufzuheben und die innere Einheit wahrzunehmen. Die spirituelle Tradition kennt viele Wege, um aus der Zerrissenheit zur Einheit zu kommen. Einer der bewährtesten Wege der Einswerdung ist der Tanz. Der Tanz bringt uns vom Kopf in den Leib. Er löst die Spaltung zwischen Leib und Seele auf, zwischen Denken und Fühlen, zwischen dem Augenblick und den Gedanken, die in die Ferne schweifen. Er führt uns in die Gegenwart, in den Leib, in den augenblicklichen Schritt. Der näch-

ste Schritt ist alles. Auf ihn sich einzulassen hebt die Zerstücke-
lung der Zeit auf und macht gegenwärtig.

Versuche, im Tanzen ganz in Deiner Bewegung zu sein, die
Einheit zwischen Leib und Seele zu spüren. Lasse Deine Gedanken
nicht mehr im Kopf herumschwirren, sondern tanze sie aus. Dann
bist Du eins mit Deinen Gedanken. Laß Dich nicht mehr von den
Gefühlen hin- und herzerren, tanze sie aus. Dann bist Du Dein
Gefühl. Spüre in jedem Schritt die Einheit zwischen Leib und See-
le, zwischen Kopf und Herz. Sei ganz in Deinem Leib, erfülle je-
den Schritt mit Deinem Herzen. Laß Dein Herz bis in die Fuß-
sohlen hinein. Sei ganz im Augenblick. Laß das Denken an die
Vergangenheit. Laß los, was Dich vorhin noch beschäftigt hat. Zer-
martere Dir Deinen Kopf nicht mit den Sorgen für den morgigen
Tag. Sei ganz im Augenblick. Genieße es, in Deinem Schritt, in
Deiner Gebärde zu sein. Dort berührst Du alles, dort ist alles eins.
Du bist eins mit Dir. Du bist Du selbst.

Sehnsucht nach der Ewigkeit

Jeder von uns kennt solche Erfahrungen, daß die Zeit still steht
und wir einen Augenblick ganz da sind, ganz im Schauen, ganz
in der Bewegung, ganz bei uns. Das Paradox solcher Erfahrungen ist, daß wir uns selbst darin vergessen und zugleich doch
ganz bei uns selbst sind. Wir denken nicht über uns nach, wir
reflektieren nicht über uns, wir sind einfach. In solch einem
Augenblick fallen Zeit und Ewigkeit zusammen. Der Tanz ist
Vorschein der Ewigkeit. Die Musik ist schon ein Fenster zur
Ewigkeit. In ihr klingt etwas in unsere Welt, was aus einer
anderen Welt zu kommen scheint. In ihr tönt die Ewigkeit in
unsere Zeit hinein. Musik ist ein Geschenk der Ewigkeit. Indem wir die Musik tanzen, berühren wir mit jedem Schritt die
Ewigkeit. Ewigkeit ist nicht die unendliche Dauer, sondern die

erfüllte Zeit. Da gibt es kein Vorher und Nachher, da gibt es nur noch Jetzt. Da steht die Zeit still. Alles ist eins. Versuche, mit jedem Schritt Dich hineinzutanzen in die Ewigkeit. Von einem jüdischen Rabbi wird berichtet, daß er so getanzt habe, daß er mit jedem Schritt heilige Einungen vollzogen habe. Er war so in seinem Tanz, daß da Zeit und Ewigkeit zusammen gefallen sind.

Wenn Du Dich auf jeden Schritt einläßt und alles andere vergißt, dann kannst Du etwas erahnen von der Ewigkeit. Im Himmel, so sagen uns die Mystiker, tanzen die Engel den ewigen Tanz Gottes. Im Tanz hast Du jetzt schon teil an ihrem ewigen Tanz. Versuche, mit jedem Schritt das Geheimnis der Ewigkeit zu berühren. Dann wirst Du erahnen, was das Geheimnis unseres Lebens ist, daß wir hier auf dieser Welt schon hineinreichen in die andere Welt, in die Welt Gottes, in die Welt der Ewigkeit.

Sehnsucht nach Einssein mit der Schöpfung

In vielen Menschen regt sich heute die Sehnsucht, ganz mit der Schöpfung eins zu sein. Sie erahnen, daß sie in der Schöpfung Gott selbst berühren. Die Schöpfung ist ja von Gottes Geist durchdrungen. Gott umarmt uns durch seine Schöpfung und in seiner Schöpfung. Seit jeher haben die Menschen im Tanz die Einheit mit der Schöpfung ausgedrückt. Die Indianer haben durch ihren Tanz den Regen herbeigetanzt. Sie versuchten, durch Tanzen die Naturkräfte zu beeinflussen. Und sie wollten sich mit ihren Tänzen in Einklang bringen mit den Schwingungen, die die Schöpfung in Bewegung halten. Von einem Indianerhäuptling wird erzählt: »Wenn er die Segnungen der wärmenden Strahlen der Sonne fühlte, dann tanzte er ... Alle Freude und Begeisterung des Lebens, alle seine Dankbarkeit, all seine Erfahrung der geheimnisvollen Macht, die das Leben leitet, und alle seine Hoffnungen auf ein besseres Leben, fanden ihren Höhepunkt in einem großen Tanz, dem Sonnentanz.«

Wir sind nicht nur isolierte Individuen. Wir alle haben teil am Kosmos, an der Schöpfung Gottes. Wenn ich durch die Natur wandere, spüre ich, wie die frische Morgenluft meinen Geist erfrischt, wie die Kraft der Bäume in mich einströmt, wie die Schönheit der Blumen mich erfreut. Da fühle ich mich lebendig. Ich habe teil am Leben der Natur. Ich bin durchdrungen von der gleichen göttlichen Kraft, die die Schöpfung durchweht. Das gibt mir ein Gefühl von Heimat, von Eingebettetsein in einen größeren Zusammenhang. Manche Menschen fühlen sich abgeschnitten von ihren Wurzeln. Gerade in der Depression haben sie keine Beziehung mehr zu sich und zur Natur.

Versuche, im Tanzen wieder in Beziehung zu kommen mit der ganzen Schöpfung, mit dem Licht, das sie durchdringt, mit der Kraft, mit der Schönheit, mit der Lebendigkeit, die nicht totzukriegen ist. Hildegard von Bingen spricht von der Grünkraft, die die ganze Natur durchdringt. Sie ist auch in Dir die Kraft, die immer wieder Neues in Dir wachsen und aufblühen läßt. Tanze die Schöpfung, tanze Dein Eingebettetsein in die Schöpfung, tanze die Grünkraft der Schöpfung und blühe im Tanzen selbst auf zu der einzigartigen Blume, die Gott durch Dich zum Blühen bringen möchte.

Sehnsucht nach Gott

Von jeher hat der Tanz eine religiöse Bedeutung. Im Tanzen versuchten die Menschen, von sich selbst frei zu werden und sich in Gott hineinzutanzen. David tanzt vor der Bundeslade aus Freude über die Gegenwart Gottes. Und er tanzt, um sich selbst loszulassen und in Gott zu sein. Die rhythmische Energie des Tanzes soll die Seele in Schwingung versetzen, so daß sie fähig wird, aus sich herauszuströmen und mit Gott eins zu werden. So hat der jüdische Philosoph Walter Schubart das Wesen des Tanzes gesehen. Für ihn ist der Tanz der Ort, an dem der Mensch mit Gott verschmelzen kann. Und es ist immer die Liebe, die uns mit dem Geliebten verschmelzen läßt. So ist der Tanz Ausdruck der Liebe zu Gott. Walter Schubart zitiert einen Sufi-Meister: »Wer die Kraft des Reigens kennt, wohnt in Gott, denn er weiß, wie Liebe tötet.«[1] Alle Mystiker waren von der Wahrheit des Satzes überzeugt: »Während das Fleisch tanzt, vereinigt sich die Seele mit Gott.«[2]

Musik ist Ausdruck der Liebe. Augustinus hat das schon festgestellt in seinem berühmten Wort: »Cantare amantis est« – »Singen ist Sache des Liebenden«. Und Schubart meint: »Die Musik gewährt die Möglichkeit, in das Innere der Geliebten und in das Entrückte der Überwelt hinüberzulauschen.«[3] Die Musik ist Ausdruck der Liebe und macht uns empfänglich für die Liebe. Der Tanz, der die Musik in den ganzen Leib strömen läßt und sie mit dem Leib ausdrückt, stellt unsere Sehnsucht nach einer Liebe dar, die uns mit dem Geliebten eins werden läßt. Der Tanz ist wie eine liebende Umarmung Gottes. Mit dem ganzen Leib sehnen wir uns danach, die Liebe Gottes leibhaft zu erfahren und unsere Liebe zu Gott leibhaft zu zeigen.

Viele Menschen klagen darüber, daß sie die Liebe Gottes nicht spüren. Und wenn die Bibel davon spricht, daß wir Gott lieben sollen, der uns zuerst geliebt hat, dann sind das für sie fromme Worte, die sie zwar einsehen, die sie aber nicht mit ihrer Erfahrung decken können.

Versuche, im Tanz Deine Sehnsucht nach der Liebe Gottes auszudrücken. Stelle Dir bei jedem Schritt vor, von Gottes Liebe umarmt zu werden. Tanze die Liebe Gottes zu Dir aus. Und drücke in jeder Tanzgebärde Deine Sehnsucht aus, diesen Gott, der Dich bedingungslos liebt, mit ganzem Herzen lieben zu können. Viele sagen, sie könnten Gott nicht lieben, weil sie ihn nicht sehen, weil sie ihn nicht an sich drücken können. Im Tanzen kannst Du zumindest eine Ahnung davon bekommen, daß in Dir die Sehnsucht nach einer Liebe ist, die die Liebe zu den Menschen übersteigt, nach einer Liebe, die nicht so brüchig ist wie die menschliche Liebe, nach einer Liebe zu dem, der allein Dein Herz kennt und Deine tiefste Sehnsucht zu erfüllen vermag. Drücke im Tanz Deine Sehnsucht aus, mit diesem Gott, der die ganze Schöpfung mit seiner Liebe durchdringt und der jeden einzelnen ganz persönlich ohne jede Bedingung liebt, zu verschmelzen. Tanze Dich in Gott hinein, tanze die Liebe Gottes aus, tanze, um mit Gott eins zu werden und in der Ekstase der Liebe mit ihm zu verschmelzen.

Sehnsucht nach Gebet

Für den heiligen Augustinus ist das Gebet Ausdruck unserer Sehnsucht. Das Ziel unseres Lebens ist für die frühen Mönche das unablässige Gebet. Die Mahnung des Apostels Paulus im Thessalonicherbrief »Betet ohne Unterlaß« (1 Thessalonicher 5,17) hat die Mönche umgetrieben. Und sie haben gespürt, daß sie nicht immer mit Worten beten können. Augustinus gibt nun die Antwort: »Wenn Du Dein Beten nicht unterbrechen willst, dann unterbrich Dein Sehnen nicht. Deine ununterbrochene Sehnsucht ist auch Dein ununterbrochenes Gebet.« Wenn wir im Vaterunser darum beten, daß Gottes Reich kommen möge, so müssen wir Gott nicht daran erinnern, sein Reich erscheinen zu lassen, sondern wir stacheln mit diesen Worten unsere Sehnsucht nach diesem Reich an.

Der Tanz ist von jeher als intensives Gebet verstanden worden. Im Tanzen drücken wir unsere Sehnsucht nach Gott aus. Tanzen ist Gebet ohne Wort, Gebet mit dem ganzen Leib. Unser Leib kann unsere tiefsten Gefühle oft besser ausdrücken, als es

Worte vermögen. Denn Worte sind immer mißverständlich. Unsere letzte Sehnsucht können wir kaum in Worte fassen. Sie müssen wir mit dem Leib vor Gott bringen.

Tanzen ist aber nicht nur Gebet, weil es unsere Sehnsucht nach Gott ausdrückt. Viele Menschen haben den Eindruck, daß ihr Beten umsonst sei, daß ihre Worte ins Leere gehen, daß sie wirkungslos verhallen. Im Tanzen spüren wir mit dem ganzen Leib, daß wir beten. Unser Beten spielt sich nicht nur im Kopf ab. Wir sind mit dem ganzen Leib ein Gebet. Für die Indianer ist der Tanz »ein dramatisiertes Gebet, bei dem die Bitten der Menschen mit den unentwegt stampfenden Füßen in den Boden hineingetanzt werden«.

Wenn Du mit Deiner ganzen Existenz für einen anderen Menschen beten möchtest, weil er krank ist, weil er in einer Not steckt, die Du selbst nicht wenden kannst, dann versuche, mit jedem Tanzschritt Deine Bitte in den Boden hineinzustampfen. Dann betest Du mit dem ganzen Leib, dann bist Du mit jedem Schritt ganz bei dem, der Dir am Herzen liegt. Dann hast Du nicht mehr das Gefühl von Ohnmacht. Vielleicht wächst in Dir das Vertrauen, daß Dein Gebet nicht umsonst ist. Du selbst spürst zumindest die Kraft Deines Gebetes in Deinen stampfenden Füßen. Und mit Deinem Spüren kann der Glaube wachsen, daß Gott Dein Bitten erhört, daß Gott sich von Dir bewegen läßt, in dem Menschen, für den Du betest, etwas in Bewegung zu bringen, seine Wunden zu heilen und sein Denken in eine andere Richtung zu führen.

Sehnsucht nach Freiheit

»Wer Gott liebt, der liebt auch die Freiheit«, sagt der Dichter Novalis. Gotteserfahrung ist immer auch Erfahrung innerer Freiheit. Wenn Gott uns ganz nahe ist, dann sind wir frei von der bedrückenden Nähe unserer Probleme, die auf uns lasten, dann werden wir frei von der Macht der Menschen, die uns mit ihren Erwartungen und Beurteilungen einengen und bestimmen. Für die frühen Christen war es die zentrale Erfahrung ihres Glaubens, daß sie freie Söhne und Töchter Gottes sind und nicht mehr Sklaven, die an ihrer Leistung gemessen werden. Paulus war von Jesus Christus so fasziniert, weil er ihn befreit hat von dem Zwang, sich selbst richtig machen zu müssen. Er drückt seine Erfahrung von Christus so aus: »Zur Freiheit hat uns Christus befreit.« (Galater 5,1)

Der Tanz ist Ausdruck der Freiheit. Wir drücken die Freiheit, die wir in und durch Christus erfahren haben, leibhaft aus. Wir tanzen unsere Erlösung und Befreiung dankbar aus. Der Tanz ist Feier unserer Erlösung, Feier unserer Freiheit, zu der uns Christus befreit hat.

Der Tanz kann aber auch Ausdruck unserer Sehnsucht nach wirklicher Freiheit sein. Trotz der Erlösung durch Christus fühlen sich viele Menschen heute unfrei. Sie fühlen sich eingeengt durch die vielen Erwartungen, denen sie ausgesetzt sind. Sie fühlen sich gehemmt, blockiert von der Angst vor dem, was andere von ihnen denken könnten. Sie können sich nicht frei bewegen, weil sie Angst haben, die anderen könnten in ihrem Verhalten etwas Neurotisches entdecken, sie könnten sie lächerlich machen. Andere sind voller Zwänge. Sie können nicht anders, als die Haustüre nochmals zu kontrollieren, ob sie verschlossen ist. Sie müssen sich immer wieder vergewissern, daß die Speisen, die sie zu sich nehmen, auch gesundheitsfördernd sind. Tanzen ist nicht nur Ausdruck unserer Freiheit, sondern auch ein Weg in die Freiheit. Gerade wenn wir uns unfrei fühlen, können wir im Tanzen etwas erahnen von der Freiheit, die auf dem Grund unseres Herzens schon in uns ist. Und wir tanzen uns bewußt an gegen die vielen Zwänge, die uns gefangen halten. Wir tanzen uns in die Freiheit hinein. Im Tanzen werfen wir die Fesseln ab, die uns einengen, da tanzen wir uns frei von unseren Blockaden, von unseren Hemmungen und Lähmungen. Wir tanzen uns hinein in die Freiheit der Kinder Gottes, an die wir zwar glauben, von der wir aber so oft gar nichts spüren. So kann Tanzen ein Weg sein in die Freiheit, ein Weg in die Erlösung, die in Christus schon an uns geschehen ist, die uns aber auch erreichen muß, damit wir sie erfahren. Im Tanz erreicht uns der Christus, der uns von aller Unfreiheit befreit hat. Nicht umsonst haben daher die frühen Christen Ostern, das Fest unserer Erlösung, durch Tänze gefeiert. Sie haben sich hineingetanzt in das neue Leben der Auferstehung. Im Tanzen haben sie gespürt, daß sie sogar von den Fesseln des Todes befreit sind. Mit Christus, dem Vortänzer im himmlischen Reigen, wie Hippolyt ihn nennt, haben sie die Auferstehung tanzend gefeiert. Ihr Tanz war Verzauberung, »Darstellung des ganz Anderen, Vorwegnahme des Kommenden, Leugnung des lastend Tatsächlichen« (Hugo Rahner).

Drücke im Tanz Deine tiefste Sehnsucht nach der Auferstehung aus, Deine Sehnsucht, mit Christus aufzustehen gegen alle Hindernisse des Lebens, mit Christus aufzustehen aus dem Grab Deiner Angst und Resignation, aus dem Grab Deiner Traurigkeit und Depression. Tanze Dich im Tanz in das Leben der Auferstehung hinein, in das Leben, das keine Grenzen und keine Fesseln mehr kennt. Christus selbst, der Vortänzer im himmlischen Reigen, wird Dich im Tanz hineinführen in die Freiheit und Weite der Auferstehung. Du wirst tanzend erahnen, was Dich im Himmel erwartet.

Barbara Walser

Ich habe ›ja‹ gesagt

Schmerz bleibt mir nicht erspart, wenn ich leben – lieben will.
Gefühle haben zu tun mit Leidenschaft, immer wird es
    auch Leiden sein.
Auch – aber nicht nur!
Warum darin verharren? Warum nicht einfach hindurch?
Zulassen – annehmen – aber auch wieder loslassen.
Hindurchschauen – hindurchgehen – weiter zur Erfahrung des
Erfülltseins und der Freude.

Je mehr Sehnsucht, umso mehr Leiden – je mehr Leiden,
    umso mehr Glück.

Leben, intensives Leben, erfülltes Leben ist Licht und Schatten.
Feuer, das wärmt und verzehrt.
Im Kontrast von beidem liegt wahre Tiefe des Empfindens.
Leben, Liebe ist Schönheit und Schmerz.
Schmerz in der Schönheit – Schönheit im Schmerz.
Beides wird bleiben – aber wirklich beides:
Miteinander – ineinander – füreinander.

Ich habe ›ja‹ gesagt.
Einmal mehr. – Nicht ein für allemal, aber vielleicht einmal
    ein Stück mehr.

Irgendwann wird es im Wind verklingen, mein Ja.
Es wird Tage geben, an denen es verloren scheint;
Momente, in denen das Nein mich umtreibt und aufwühlt.

———

247

Barbara Walser

Dann werde ich von neuem ringen müssen – um ein erneutes Ja,
das vielleicht aber auch wieder etwas geläuterter sein wird,
vielleicht ein wenig klarer – und beständiger,
ein wenig wahrer und eigentümlicher,
ein Stück mehr getragen, durchdrungen von Lebendigkeit und Liebe.

Henri J. M. Nouwen

»Du bist mein geliebter Sohn!
Du bist meine geliebte Tochter!«

Predigt zur Eröffnung des Recollectio-Hauses
am 24. April 1991

Aufgezeichnet aus dem Gedächtnis von Anselm Grün

»Ich bin sehr froh, hier zu sein bei der Eröffnung dieses Recollectio-Hauses. Ich freue mich, daß Wunibald mich eingeladen hat. Ich denke, daß dieses Haus auch Frucht unserer Freundschaft ist. Ich habe mir überlegt, was ich zu dieser Eröffnung sagen will. Ich möchte ganz einfache, aber wesentliche Dinge aufgreifen.

Ich erfahre Heilung meiner Wunden, wenn ich auf die Stimme Gottes in meinem Herzen höre, die mir sagt: Du bist mein geliebter Sohn, du bist meine geliebte Tochter. Du bist ganz und gar von Gott geliebt. Das soll ich nicht nur im Kopf, sondern mit dem ganzen Wesen glauben. Es ist die Grundtatsache meines Lebens. Wenn ich an diese erste Liebe Gottes glaube, dann kann ich mich auch mit der zweiten Liebe aussöhnen, die nicht so vollkommen ist, mit der zweiten Liebe, mit der mich die Eltern lieben, die Erzieher, die Kirche. Auch die Kirche liebt mich, aber ich bin nicht zufrieden mit dieser Liebe, sie könnte besser sein. Aber wenn ich um die erste Liebe weiß und mich immer wieder daran erinnere, daß ich der geliebte Sohn, die geliebte Tochter bin, dann kann ich auch mit der zweiten Liebe leben.

Die Frage ist, wie wir das erkennen und woran wir erkennen, daß wir aus dieser ersten Liebe leben, daß wir als geliebte

Söhne und Töchter leben. Die Grundstruktur dieses Lebens
aus Liebe ist, was dieser Tisch des Altares uns sagt, was Jesus
beim Abendmahl und was er in jeder Eucharistie tut: Er nahm,
er segnete, er brach und er gab. Wir sind in unserer Liebe genommen, gesegnet, gebrochen und gegeben.

Wir sind *genommen*, wir sind auserwählt. Ich als Person bin
wichtig, ich bin von Gott auserwählt. Wenn Gott mich auserwählt, dann bedeutet das nicht, daß die anderen nicht auserwählt sind. Wenn ich mich als auserwählt erlebe, dann kann
ich auch anderen vermitteln, daß sie auserwählt sind, daß sie
wichtig sind, angenommen, ernst genommen, daß sie gebraucht
werden, daß jemand sie mag, auf sie wartet, daß sie eine einmalige Botschaft in ihrem Sosein darstellen. Viele Menschen erfahren sich heute nicht als auserwählt, als angenommen, sondern als verflucht. Ein Fluch lastet auf ihnen. Dann können sie
auch nicht an die Liebe glauben und sie nicht erfahren. Wenn
ich auserwählt bin, dann kann ich auch meine Wunden annehmen. Wer sich verflucht fühlt, den zerstört seine Wunde, sein
Leid, den zerreißt das Leben.

Jesus segnete, wir sind *Gesegnete*, benedicti, und wir sollen
segnen, benedicere. Das kommt von *gut* und *sagen*. Wir sollen
Gutes über uns und übereinander sagen. Wir sollen das Gute
in unserem Leben sagen. Wir sollen uns immer wieder zuspre-
chen, daß wir geliebte Söhne und Töchter Gottes sind. Und
wir sollen einander segnen, zum Segen werden. Wir sollen das
Gute über den anderen aussprechen, ihm das Gute zusagen.
Wenn mich Behinderte um den Segen bitten, dann sind sie
nicht zufrieden, wenn ich ihnen nur das Kreuz auf die Stirn
zeichne. Ich nehme sie in den Arm und gehe mit meinem Gesicht ganz nah an ihr Gesicht. Und dann sage ich: Du bist gut,
du bist der geliebte Sohn Gottes, die geliebte Tochter Gottes.
Es ist gut, daß es dich gibt. Du bist einmalig. Und dann kom-

men zehn andere Behinderte und wollen, daß ich sie segne, daß ich sie in den Arm nehme und ihnen Gutes sage. Dann kommen vielleicht auch Begleiter, die nicht behindert sind. Sie sind oft sehr schüchtern, und auf einmal trauen sie sich auch, um den Segen zu bitten. Sie wollen auch hören, daß sie gut sind, daß sie geliebte Söhne und Töchter Gottes sind. Segnen ist eine konkrete Weise, unsere Liebe auszudrücken, die wir von Gott selbst erfahren haben. Weil wir immer wieder von Gott gesegnet werden, weil er immer wieder Gutes über uns sagt, darum können wir andere segnen und ihnen so unsere Liebe und darin Gottes unendliche Liebe erweisen.

Jesus brach, er wurde am Kreuz gebrochen. Gebrochenheit gehört wesentlich zu uns. Wir sind *gebrochen*, verwundet. Gerade die Menschen, die uns nahe sind, die uns lieben, verwunden uns auch, sie tun uns weh. Wir werden durch sie gebrochen. Diese Gebrochenheit wird nie aufhören. Aber es kommt alles darauf an, da wir sie unter unser Auserwähltsein stellen, daß wir sie unter den Segen stellen, daß wir geliebte Söhne und Töchter sind. Wer sich als verflucht erfährt, der kann seine Gebrochenheit nicht annehmen, sie wird ihn zerbrechen. Wir müssen unsere Gebrochenheit segnen, Gutes über sie sagen. Sie zeichnet uns aus. Darin berührt uns Gott, darin führt Gott mich zu einer neuen, sehr intimen Weise von Liebe.

Seelsorge heißt nicht, daß wir die Wunden wegnehmen, sondern daß wir dem anderen helfen, seine Gebrochenheit anzunehmen, sich damit auszusöhnen. Aber bevor ich das kann, muß ich erst meine eigene Gebrochenheit annehmen, meine eigene Wunde anschauen und sie Gott hinhalten. Meine Wunde gehört zu mir. Mein Leid ist etwas ganz Persönliches, etwas Intimes, da fühle ich mich. Das Leid, das ich fühle, fühlt sonst niemand. Ich spüre da meine Individualität. Und die Gebrochenheit ist der Ort, wo ich Gott spüre, wo ich aufgebrochen werde für Gottes Geist, für Gottes Liebe. Das Leid ist ein ganz wichtiger Weg, sensibel zu werden für Gott, sensibel zu werden auch für mein innerstes Wesen. Nur so werde ich auch die Wunde des anderen fühlen können und gerade in der Wunde des anderen eine tiefe Gemeinschaft mit ihm. Wir sind alle gebrochene Menschen. Unsere Gebrochenheit bricht uns füreinander und für Gott auf. Sie ist ein Zeichen, daß wir die Liebe erfahren haben und daß wir sie leben.

Jesus gab, er gab das Brot, er gab sich selbst, er hat sich für uns hingegeben. Geben ist ein Zeichen der Liebe. Wir müssen uns *geben*. Wenn wir uns geben, wegschenken, dann werden wir nicht ärmer, sondern reicher. Seelsorge heißt, daß wir uns geben, uns hingeben, uns verschenken. Das können wir nur, weil Jesus sich uns geschenkt hat und immer wieder schenkt. Das Geben heilt auch unsere Wunden, es öffnet sie, daß sie zur Quelle der Liebe werden für andere. Ich wünsche allen Gästen dieses Hauses und allen, die darin arbeiten, daß sie einander immer mehr geben und darin das Leben und die Liebe Gottes erfahren. Wir geben nicht unsere Fülle, wir geben gebrochenes Brot, wir geben uns in unserer Gebrochenheit, wir geben uns in unserer Not. Aber indem wir uns darin verschenken, werden wir zum Brot für andere. Wir geben, aber wir sind auch gegeben, wir sind von Gott uns selbst gegeben, wir sind einander gegeben, geschenkt, damit wir im miteinander Gottes erste Liebe leben. Wir teilen das gebrochene Brot miteinander, wir teilen unser Leben, wir teilen unsere Wunden. Und darin wird Gottes Liebe erfahrbar, darin feiern wir das Mahl Jesu, in dem er uns diese Liebe als Modell unseres Lebens aufgezeigt hat. Nehmen, segnen, brechen und geben, das ist die Dynamik der Liebe, das ist auch die Dynamik der Seelsorge, wie sie in diesem Haus gelebt werden möchte. Ich möchte allen hier wünschen, daß sie sich immer wieder als geliebte Söhne und Töchter erfahren und daß sie diese Liebe im Nehmen, Segnen, Brechen und Geben leben und als Heilung für ihre Wunden erleben, damit ihre Wunden auch für andere zur Quelle des Segens werden. Ich wünsche allen, daß sie ihre Gebrochenheit segnen und sich in ihre Gebrochenheit geben, damit so heilende Gemeinschaft entstehen kann, eine Gemeinschaft, in der einer mit dem anderen sein Leben teilt, damit Christi Heil und Christi Leben darin offenbar werden.«

Anmerkungen

Wunibald Müller: »Wenn du verweilst, dann nur, um dich zu stärken«; S. 25ff.
[1] Die Predigt Henri J. M. Nouwens ist am Ende dieses Buches abgedruckt.

Wunibald Müller: Wenn die Fühler meiner Seele deine Seele berühren; S. 65ff.
[1] Martin Buber, Ekstatische Konfessionen, Leipzig 1923, S. 185.
[2] Bernhard von Clairvaux, Was ein Papast erwägen muß, übers. v. Hans Urs von Balthasar, Einsiedeln 1985.
[3] Virginia Satir, Peoplemaking, Palo Alto 1972.
[4] Matthew Fox/Rupert Sheldrake, Die Seele ist ein Feld, München 1996, S. 92.
[5] Carl Gustav Jung: Mensch und Seele, Olten 1971, S. 42.
[6] Carl Gustav Jung: Bewußtes und Unbewußtes, Freiburg 1972, S. 25.
[7] Carl Rogers: Der neue Mensch, Stuttgart 1981, S. 79f.
[8] David Steindl-Rast: Staunen und Dankbarkeit. Der Weg zum spirituellen Erwachen, Freiburg 1996, S. 134.
[9] Ebd., S. 134f.
[10] Martin Heidegger: Gelassenheit, Pfuhlingen 1985, S. 24f.

Anselm Grün: Die eigene Lebendigkeit entdecken; S. 85ff.
[1] Heilkraft des Lesens. Erfahrungen mit der Bibliotherapie, hrsg. v. Peter Raab, Freiburg 1988, S.12.
[2] Ebd., S. 31.
[3] Ebd., S. 14.
[4] Ebd., S. 41.

Simon Lambregs: Die Annahme; S. 105ff.
[1] Vgl. Matthäus 18,21–22.
[2] Siehe zum Konzept der ›Gottesgeburt‹ bei Johannes Tauler: Anselm Grün, Lebensmitte als geistliche Aufgabe, Münsterschwarzacher Kleinschriften Band 13, 14. Auflage Münsterschwarzach 2001.
[3] Bis 1967 war das Gebiet des heutigen Bistums Hasselt der niederländisch-sprachige, flämische Teil des Bistums Lüttich.
[4] Vgl. *Die Verleugnung durch Petrus* bei den vier Evangelisten.
[5] Das Bild des vollen Pottes, der für ein gesundes Selbstwergefühl steht, stammt von der amerikanischen Psychologin Virginia Satir. Im Recollectio-Haus hat

Wunibald Müller diesen Begriff eingeführt – vgl. dazu seinen Beitrag *Wenn die Fühler meiner Seele deine Seele berühren* in diesem Buch.

Julietta Götz: Leibhafte Erfahrungen als Weg zur Selbsterkenntnis; S. 175ff.
[1] Vgl. Walter Schubart, Religion und Eros, München 1941. Ein neuerer Titel über den Tanz als spirituelle Praxis ist das Buch *Tanz als Gebet. Feiert Gottes Namen beim Reigen* (Linz 1990) von Maria-Gabriele Wosien, der Tochter Bernhard Wosiens.

Ruthard Ott: Das Menschenbild im Recollectio-Haus; S. 189ff.
[1] Der in der Ordens- und Priesterausbildung übliche Fachbegriff ›Formation‹ (lat.(-frz.) ›Herausbildung durch Zusammenstellung‹) beschreibt treffend, um was es meiner Ansicht nach bei der Ordens- und Priesterausbildung gehen sollte: um die Herausbildung, das heißt die lebenslängliche und ganzheitliche Entwicklung der Persönlichkeit.
[2] Regens: Leiter eines Priesterseminars.

Anselm Grün: Tanze deine Sehnsucht; S. 233ff.
[1] Walter Schubart, Religion und Eros, München 1941, S. 139.
[2] Ebd.
[3] Ebd., S. 141f.

Anhang

Die Benediktinerabtei Münsterschwarzach in Schwarzach am Main liegt ca. 25 km östlich von Würzburg. Sie wurde Ende des 8. Jahrhunderts gegründet; zur Zeit der Säkularisation, Anfang des 19. Jahrhunderts aufgehoben und ab 1901 von Missionsbenediktinern aus St. Ottilien wieder aufgebaut. Heute gehören zur Abtei Münsterschwarzach rund 160 Mönche in Deutschland und Übersee.

Das Recollectio-Haus wurde am 24. April 1991 als spirituell-therapeutisches Zentrum für Priester und Ordensleute auf dem Gelände der Benediktinerabtei Münsterschwarzach gegründet. Es bietet dreimal im Jahr einen dreimonatigen Kurs an, an dem 18 Priester, Ordensfrauen und -männer teilnehmen können. Träger des Recollectio-Hauses ist die Abtei Münsterschwarzach. Es wird finanziell von den Diözesen Augsburg, Freiburg, Limburg, Mainz, München, Rottenburg-Stuttgart und Würzburg unterstützt. Darüber hinaus haben diese Diözesen jeweils einen Verantwortlichen für das Recollectio-Haus benannt – meist den Personalreferenten. Diese Diözesanbeauftragten treffen sich einmal im Jahr mit der Leitung des Recollectio-Hauses zu einem Austausch über die Arbeit des Hauses. Daneben gibt es einen ‚Beirat' aus Fachleuten aus dem spirituellen und therapeutischen Bereich, das das Team des Recollectio-Hauses in seiner Arbeit kritisch begleitet und berät.

Mitarbeiter des Recollectio-Hauses 2001

P. Meinrad Dufner
Sr. Julietta Götz
P. Dr. Anselm Grün
P. Udo Küpper
Maria Melber
Gabriele Mergenthaler
Dr. Ilse Müller
Dr. Wunibald Müller
Dr. Ruthard Ott

Ehemalige Mitarbeiter

Br. Gotthard Bystron
Frau Margret Schneider
Dipl.-Psych. Angelika Susewind

Diözesanbeauftragte für das Recollectio-Haus 2001

Domkapitular Franz Glaser
Ordinariatsrat Josef Heigl
Generalvikar Konstantin Kohler
Generalvikar Dr. Karl Hillenbrand
Ordinariatsrat Dr. Wolfgang Schwab
Ordinariatsrat Helmut Wanka
Domkapitular Dr. Robert Zollitsch

Ehemalige Diözesanbeauftragte

Ordinariatsdirektor Nikolaus Reinhardt
Domkapitular Dr. Joseph Sauer
Domkapitular Heinz Tiefenbacher
Domkapitular Hartmut Wahl

Beiratsmitglieder des Recollectio-Hauses 2001

Prof. Dr. Isidor Baumgartner
Sr. Diethelma Conze
Dr. Bernd Deininger
Dr. Heinz Geist
Sr. Paulina Koppler
Dr. Ulrich Niemann

Die Autoren

Dufner, Pater Meinrad, OSB, geboren 1946, war viele Jahre Novizenmeister der Abtei Münsterschwarzach, leitet jetzt das Kolleg St. Benedikt in Würzburg, ist freischaffender Künstler und arbeitet als spiritueller Begleiter im Recollectio-Haus.

Frey, Michael, geboren 1967, Priester der Diözese Essen, war lange Jahre Jugendseelsorger.

Götz, Julietta, geboren 1937, Ritaschwester, Ausbildung in Initiatischer Wegbegleitung, geistliche Begleiterin und verantwortlich für kreatives Gestalten und Leibarbeit im Recollectio-Haus.

Grün, Pater Anselm, OSB, Dr. theol., geboren 1945, ist Cellerar der Abtei Münsterschwarzach und einer der bekanntesten christlichen Autoren der Gegenwart, ist verantwortlich für die geistliche Begleitung im Recollectio-Haus.

Lambregs, Simon, geboren 1944, ist katholischer Pfarrer in Genk, Bistum Lüttich, Belgien. Er ist Mitbegründer des *Abraham-Hauses* in Genk. Dieses ist eine von den vielen in Genk lebenden Glaubensgemeinschaften gleichberechtigt geführte Begegnungsstätte für den interreligiösen und ökumenischen Austausch.

Lehmann, Karl Kardinal, Professor, Dr. theol., Dr. phil., Dr. h.c. mult., geboren 1936, seit 1983 Bischof von Mainz, seit 1987 Vorsitzender der Deutschen Bischofskonferenz, seit 2001 Kardinal, zahlreiche Publikationen und Auszeichnungen.

Müller, Ilse, Dr. med., geboren 1951, Ärztin für Psychiatrie und Psychotherapie, arbeitet seit 1991 im Recollectio-Haus und seit 1995 im ›Haus Respiratio‹ auf dem Schwanberg. Sie ist verheiratet und hat zwei Kinder.

Müller, Wunibald, Dr. theol., geboren 1950, Dipl. Psychologe, studierte von 1979 bis 1982 in Berkeley, USA. Er ist spiritueller Autor und seit der Gründung 1991 Leiter des Recollectio-Hauses. Er ist verheiratet und hat zwei Kinder.

Nouwen, Henri J. M., geboren 1932, gestorben am 21. September 1996, war Professor für Pastoralpsychologie und Spiritualität u. a. an der Yale- und der Harvard-Universitäten in den USA. 1986 gab er sein Lehramt auf, schloß sich der von Jean Vanier gegründeten ›Arche‹-Bewegung eines gemeinsamen Lebens mit Behinderten an und war bis zu seinem Tod geistlicher Leiter der ›Arche-Gemeinschaft Daybreak‹. Er gehört zu den international bekanntesten Schriftstellern der Gegenwart.

Ott, Ruthard, Dr. theol., geboren 1953, Dipl. Psychologe, ist Psychologischer Psychotherapeut und Supervisor im Recollectio-Haus und Dozent für Pastoralpsychologie im Priesterseminar der Diözese Würzburg. Er ist verheiratet und hat zwei Kinder.

Radermacher, Viktoria, geboren 1961, ist freischaffende Künstlerin.

Ruppert, Abt Fidelis, OSB, Dr. theol., geboren 1938, seit 1982 Abt von Münsterschwarzach.

Sauer, Joseph, Dr. theol., geboren 1930, war lange Jahre als Direktor der Katholischen Akademie der Erzdiözese Freiburg und des Instituts für Pastorale Bildung – ebenfalls in Freiburg – tätig, zur Zeit Leiter des geistlichen Zentrums in Sasbach.

Walser, Barbara, geboren 1967, Pastoralreferentin im Bistum St. Gallen/Schweiz.

Anselm Grün, Maria M. Robben

Gescheitert? –
Deine Chance!

Kartoniert, 168 Seiten
ISBN 3-87868-169-0

Ein Lebensentwurf zerbricht. Zurück bleiben
Verletzungen, Mißverständnisse und Einsamkeit. Immer
mehr Menschen scheitern in ihrer Ehe oder Partner-
schaft, in ihrem Beruf, im Kloster oder als Priester. Die
Autoren zeigen in diesem Buch, daß im Scheitern auch
eine Chance liegen kann. Pater Anselm Grün, ein
erfahrener Seelsorger, macht allen Mut, die »gescheitert«
sind oder die Angst vor dem Scheitern haben. Eine Hilfe
für alle, die ihr »Lebenshaus« wieder aufbauen wollen.

Vier-Türme-Verlag
97359 Münsterschwarzach Abtei
Telefon 0 93 24 / 20-292 Telefax 0 93 24 / 20-495
Bestellmail: info@vier-tuerme.de
www.vier-tuerme.de